음악지능 자연친화지능 신체운동지능
자기성찰지능 논리수학지능
공간지능
언어지능 인간친화지능

내 아 이 의 성 공 적 인 미 래 설 계

다중지능
혁명

홍성훈 지음

RHK
알에이치코리아

:

다중지능을 알면, 선택이 쉬워집니다.

문용린(前 교육부장관 / 서울대 교수)

　요즈음처럼 부모들이 혼란에 빠진 적이 또 있을까? 아이를 키우면서 무엇을 어떻게 해 주어야 잘하는 것인지 판단이 서지 않는다는 부모들의 하소연을 많이 듣는다. 이런 혼란과 고민은 아이가 4~5세가 되면서부터 시작된다. 많은 유아교육기관과 학원들이 부모를 유혹한다. 영어를 가르쳐라, 감성을 키워줘라, 음악학원엘 보내라, 수영을 시켜라, 놀이학습을 시켜라….

　그 많고 강렬한 유혹에 부모들은 무심할 수가 없다. 가만히 있으면 안 될 것 같은 조바심에 휩싸인다. 남의 아이들은 저렇게 무언가를 하는데 내 아이만 이대로 내버려둬도 될까, 하는 죄책감도 인다. 그래서 고민하기 시작한다. 이렇게 시작된 고민이 유치원·초·중·고등학교 때까지 이어진다.

　공부가 시원찮은데 어느 정도 다그쳐야 하는지, 사교육은 시켜야 할지 말아야 할지, 시킨다면 어떤 사교육을 어떤 방식으로 시켜야 하는지, 인문계로 갈지 실업계로 갈지, 이과로 할지 문과로 할지, 장차 무슨 전공을 선택해서 어떤 직업을 가져야 할지…. 공부를 잘하면 잘하는 대로 여전히 선택의 고민이 많다. 조기유학을 시켜야 할지 말지, 특목고로 갈지, 간다면 외고로 갈지 과학고로 갈지, 자사고로 갈지 등등….

나는 이런 선택의 고민을 안타까운 마음으로 바라본다. 이런 갈등은 본질상 '백화점에서 물건 고르기' 고민과 같다. 좋은 물건에 둘러싸여 이것도 저것도 모두 사고 싶은 것이다.

이런 선택의 고민에서 벗어나는 확실한 방법은 '나 자신을 아는 것'이다. 내 주머니 사정과 내게 필요한 것을 정확히 알고 그에 부합하는 물건을 선택하겠다는 확실한 판단이 서면, 백화점에 가서 고민할 이유가 없다. 마찬가지로 내 자녀의 소질, 적성, 능력, 그리고 꿈과 열망이 무엇인지를 알고, 그에 부합하는 교육을 시키겠다는 확실한 판단만 하고 있다면 자녀교육을 놓고 혼란에 빠질 이유가 없다.

혼란스런 교육적 선택의 시대를 잘 헤쳐나가려면 자녀의 소질과 적성, 꿈과 열망이 무엇인지를 제대로 파악하는 것이 중요하다. 그래야만, 부모의 역할이 분명해지기 때문이다. 부모의 역할과 의무 중에서, 자녀가 그런 꿈과 열망을 제대로 실현할 수 있도록 도와주는 일보다 더 중요한 것이 또 어디 있겠는가?

홍성훈 교수는 이 책에서 바로 그런 이야기를 하고 있다. 우리 아이들 속에 숨겨져 있는 광맥에 대해서 말하고 있는 것이다. 광맥이 땅 속에 있으면 금광, 은광, 다이아몬드광으로 불리지만, 사람 속에 있으면 소질, 적성, 재능 또는 잠재 능력이라 불린다. 특정 광맥에 적절한 채광·제련법을 활용해 거친 원석에서 금과 은, 다이아몬드 같은 보석을 골라내는 것이 중요한 것처럼, 우리 아이들의 숨은 재능과 소질, 적성도 그에 맞는 탐색·교육·훈련법으로 길러내서 장차 전공 및 직업과 연결시키는 것이 중요하다.

21세기 현재 지구상에는 3만 가지 이상의 직업이 존재한다. 우리나라에만 1만 5천 개 이상의 직업이 있다고 한다. 우리 자녀들은 이처럼 무수히 많은 직업 중에서 어느 하나를 선택하여 삶을 영위하게 될 것이다. 그 직업 분야에서의 성공이 곧 인생의 성공과 행복으로 연결됨은 물론이다.

소질과 적성은 바로 이런 삶의 성공과 행복의 가장 중요한 기초가 된다. 먼저, 소질과 적성은 학습속도를 빠르게 하는데, 이는 그것이 흥미와 호기심을 증진시키기 때문이다. 소질과 적성을 찾고 그 분야에 맞는 학습을 시킬 때, 학습 속도와 성과는 엄청나게 커진다. 또한 소질과 적성에 맞는 전공과 직업을 선택할 때 비로소 몰입(Flow)과 자아실현이 가능해진다. 그래서 드디어 인생의 진정한 성공과 행복이 가능해진다.

이런 이야기를 홍성훈 교수는 특유의 재미있고 예리한 문체로 풀어나가고 있다. 교육학 교수로서의 관록과 그 자신이 겪은 자녀들의 광맥 발굴 경험을 합쳐서 이론과 체험이 잘 어우러져 있는 '다중지능형 자녀교육법'의 무대를 연출하고 있는 것이다.

이 무대는 모두 6막(幕)인데, 무대 하나 하나가 탄탄한 짜임새로 구성되어 있다. 그 자신의 생애 경험과 교육 및 자녀양육 경험 등 다양한 체험들을 이론적으로 정리하고, 이를 기반으로 다중지능 시대에 맞는 자녀교육의 원리를 제시하는 형식으로 내용이 전개되고 있다.

흥미진진한 것은 동서고금과 현재의 한국에서 이름을 날리고 있는 인물들의 삶의 흔적이 저자의 예리한 시선을 거쳐 새로운 모습으로 태어나고 있다는 것이다. 다중지능의 관점에서 그들의 삶의 자취와 재능 실현의 과정들이 숨겨진 비밀이 드러나듯 하나 둘씩 밝혀지고 있다.

나 자신이 이런 분야를 공부하고 있는 사람이지만, 이 책은 하루 저녁을 흠뻑 빠져서 읽은 몇 안 되는 책이다. 유난히 선택의 혼란이 극심한 한국교육의 상황에서 다중지능 시대의 자녀교육을 위한 새로운 지침을 주는 책이라, 많은 이들에게 일독을 권하고 싶다. 특히 젊은 부모님들이 읽고서 자녀교육의 철학과 비전, 그리고 자신감을 얻기 바란다.

:

모든 것을 다
못하는 아이는 없다

최근 다중지능에 관심을 갖는 학부모들이 많다. 부모라면 누구나, 자녀의 재능이 무엇인지, 그것을 어떻게 계발해서 전공이나 직업과 연결할 것인지, 그리고 어떻게 하면 재능의 실현을 통한 삶의 행복을 제대로 누릴 것인지에 대해 많은 관심을 갖고 있을 것이다. 나 역시, 수학 영재에서 약학대로, 다시 희곡작가로 변신하며 자신만의 독창적인 세계를 갖고 있는 큰딸을 다중지능이라는 이론이 없었다면, 참으로 이해하기 힘들었을 것이다.

이 책은 내 아이를 비롯한 이 땅의 많은 아이들이 각자의 재능을 살려, 최대한 행복하게 인생을 살아갈 수 있는 방법을 찾는 데 의의가 있다. 교육심리학자로서 다중지능이 세상의 아이들에게 삶의 길잡이가 될 수 있을 것이라는 강한 확신과 기대, 그리고 애착을 갖고 있기 때문이다.

‘IQ 왕국’ 100년 동안, 우리 모두는 ‘이것만은 아닌데…’ 하면서도 그 물결에 휩쓸려 함께 떠내려 왔다. 그랬기에, 1980년대에 이르러 가드너가 다중지능이라는 새로운 틀을 내놓자마자 세상 사람들은 가히 폭발적인 반응을 보였던 것이다.

그런데 지금 우리 학부모들은 안타깝고 답답하기 그지없다. 다중지능이 중요하다는 것은 잘 알고 있지만, 제대로 정보를 얻을 수 있는 방법이 별로 없기 때문이다. 어떤 방법이 없나 이리저리 기웃거리지만 별 소득이 없다.

나는 교육심리학자이기에 앞서 두 아이의 부모다. 학자로서 혹은 부모로서 다중지능을 들여다보면 볼수록 그 장점에 감탄하지 않을 수 없다. 그래서 지난 2년 가까이 이 책의 집필에 몰입할 수 있었다. 다중지능에 대한 확신과 기대, 애착과 열정이 없었다면 그렇게 하기 어려웠을 것이다.

다중지능은 우리 아이들 모두를 행복하게 만드는 새로운 교육의 틀이다. 단지 IQ가 낮아서, 학교 성적이 부진하다는 이유만으로 얼마나 많은 아이들이 주눅이 들었고, 얼마나 많은 부모들이 ‘가문의 위기’라고 한탄하며 좌절과 허탈감에 빠져들었던가. 이제 그런 시대는 지나야 한다고 본다. 아니, 지났다고 본다.

우리 아이들은 저마다 다른 재능을 갖고 있다. 공부를 잘하는 아이든 못하는 아이든 상관없이 누구나 눈부신 재능 하나쯤은 아이 내부에 지니고 있다. 중요한 것은 그 재능을 제대로 캐내서 보석처럼 빛나게 만드는 일이다. 그것이 진정 교육이 할 일이고 교사가 할 일이며 우리 부모가 할 일이다.

아이가 자연친화지능에 두각을 나타내면 자연사박물관에 함께 가고, 언어지능이 높아 보이면 함께 책을 읽고 대화를 나누면 된다. 하지만 중요한 것은 너무 어릴 적에 특정 지능 분야에 관심이 있고 흥미를 보인다고 해서 그것이 아이 자신이 평생 몸담을 지능 분야라고 속단하면 안 된다는 것이다.

그러니 유년기의 자녀에게는 다중지능 8가지 분야를 골고루 접하게 하는 것이 좋다. 진로를 탐색하는 청소년기에 이르면 재능에 맞는 전공 분야에 대해 자녀와 이마를 맞대고 고민하고, 청년기에 이르면 전공을 찾고 그에 맞는 직업 분야를 찾으면 된다.

이렇게 재능을 탐색하고 전공과 직업 분야를 찾는 과정에서 부모는 앞에 나서기 보다는 뒤에서 조용히 지켜보면서 자녀가 재능에 맞는 길을 가도록 안내하면 된다. 그러는 과정에서 칭찬과 격려는 필수적이다. 물론 '믿고 참고 기다리는' 부모 자신의 인내도 필요하고, 재능 탐색에서든 분야 선택에서든 부모 자신의 능력을 넘어선다 싶으면 전문가의 자문이나 조력을 구하는 것도 필요하다.

다중지능은 우리 아이들 모두를 행복하게 만드는 매력이 있다. IQ 라는 제한된 틀로 보면 '가문의 위기'인 경우도 다중지능이라는 새로운 틀로 보면 '가문의 영광'으로 바뀔 수 있는 가능성이 충분하기 때문이다. 그러니 이것은 가히 '다중지능 혁명'이라고도 볼 수 있는 것이다.

주위를 둘러보면 똑똑하고 영리해 보이는 자녀를 둔 부모가 주로 다중지능에 관심을 보이는데, 이로 인한 오해의 소지가 많다. 다중지능의 기본 목표는 소수의 영재뿐만 아니라 우리 아이들 모두가 자신의 재능을 찾아 충분히 발휘하도록 하는 데 있다. 강점 지능을 제대로 살려 그 분야에서 뛰어난 성취를 보이는 인재로 키우는 데도 기여하지만, 일단은 아이들 모두가 지닌 재능을 제대로 파악하고 그에 맞추어 진로를 선택하여 누구든 행복한 인생을 살도록 하는 것이 더 중요한 목표다. 요컨대 공부 잘하는 아이를 만드는 것이 전부는 아니라는 말이다.

그런데, 원고를 쓰는 동안 나의 뇌리를 떠나지 않던 질문이 하나 있었다. 나는 이 책에서 다중지능이 우리 아이들의 행복한 삶에 기여할 것이라 시종일관 자신 있게 말했는데, 이 책의 저자 자신에게도 과연 그런가, 하는 의문 말이다. 다중지능의 창에 비추어 보았을 때 저자 자신의 삶이 거기 부합되지 않으면 이 책은 생명력과 설득력을 잃을 수밖에 없기 때문이다.

그래서 나는 집필 기간 내내 곰곰이 나 자신의 삶과 재능 실현 과정을 돌이켜 보았고, 결과는 나의 기대와 일치했다. 내가 50년 동안 살아온 과정들은 IQ로는 설명할 수 없지만 다중지능으로는 대부분 설명되는 것을 느꼈기 때문이다. 큰딸 지현이의 특별한 성취도 그랬고, 몇 해 전에 참여한 백범 김구의 다중지능에 대한 연구의 결과에서도 그랬다.

이제 우리 모두는 IQ의 '백년 왕국'이 저물고 다중지능 시대가 열리는 극적인 전환기에 서 있다. 이 전환기의 길목에서 나는 일단 우리 부모들이 다중지능에 대해 쉽고 재미있게 읽을 수 있는 무언가가 필요하다는 판단으로 이 책을 썼다. 모쪼록 이 땅의 모든 아이들을 기르고 가르치는 많은 분들에게 보탬이 되기를 믿고 기대한다.

이 책이 나오기까지 여러 분의 도움이 컸음을 기억하지 않을 수 없다. 대학원 은사님이시자 내게 다중지능이라는 새로운 학문 세계를 열어주신 서울대 문용린 교수님, 미지의 세계인 다중지능을 함께 탐색하는 과정에서 많은 의견을 나누었던 다중지능연구소의 김범수 대표님과 류숙회 선생님, 그리고 기나긴 집필 기간 동안 힘이 되어준 내 부모형제와 가족에게 감사를 드리고 특히 고심 끝에 자신의 이야기를 책에 쓰도록 허락해준 '우리 집 작가님'에게도 고마움을 전한다. 난삽한 원고를 엮어 이만큼 반듯한 책으로 펴내주신 랜덤하우스코리아의 모든 분들께도 고개 숙여 진심어린 감사를 드리고 싶다.

여주 남한강변에서 홍성훈

1장. 다중지능을 알면 아이의 미래가 달라진다

2장. 다중지능이 그리는 여덟 색깔 무지개

3장. 다중지능의 다양한 조합에 주목하라

4장. 내 아이의 강점 지능과 인성을 키워라

5장. 재능에 맞는 전공과 직업을 찾아라

6장. 다중지능형 인재로 만드는 부모의 힘

1

다중지능을 알면

다중지능은 누구든 갖고 있는 재능을 최대한 계발하여 자아실현을

아이의 미래가

이룸으로써 모두가 행복하고 만족스런 인생을 살아가는 데

달라진다.

큰 도움이 되는 지능이다.

아무도 예상치 못한
어린 작가의 탄생

"아빠, 신춘문예 연락 왔어요. 동아일보에서요."

2006년이 다 저물어가던 12월 21일 정오 무렵, 서울에 가 있던 큰딸, 지현이에게서 뜻밖의 문자가 왔다. 그 순간 한 통의 문자가 내 머릿속을 뒤흔든 것은 물론 이후의 내 생활도 마구 흔들어 놓았다. 그 진동은 1년 내내 나를 따라 다녔고, 아직도 어리둥절한 것을 보면 그 여파가 상당했나 보다.

명색이 교육심리학자인 나도 내 아이의 머릿속은 도대체 알 수 없었다. 고등학교를 가지 않고 검정고시로 또래보다 1년 앞당겨 대학에 들어

가고, 바로 그해 겨울에 19세 나이로 동아신춘문예 80년 역사상 최연소로 당선되었으니….

수학을 꽤 좋아하고 잘했던 수학 영재가 약대에 들어가고, 약대에 들어가선 잠시 연극을 보러 다니더니 몇 달 만에 아예 희곡작가로 등단해버린 것이다. 만 18세 되는 가을에 보름 동안 생애 최초로 쓴 습작이 바로 당선작이 되었으니 이를 어떻게 설명할 수 있을까. 수능 공부할 때부터 연극을 좋아한다는 사실은 알았지만, 희곡을 쓴다는 사실은 아무도 몰랐다.

주위 사람들도 다들 어리둥절해서 도대체 어찌 된 일인지 물었지만, 부모 역시 어리둥절한데 대답이 신통할 리 없었다. 무슨 비결이 있느냐고 묻는 사람도 있었지만 아무리 돌아봐도 비결 같은 것은 없었다.

되풀이되는 물음에 대답은 궁했고, 그 이후 아이가 자라온 과정을 돌아보기 시작했다. 열아홉 어린 딸의 머릿속에 과연 무엇이 들어 있었으며 부모는 어떻게 대응해왔는지 차분히 생각하기 시작했고, 그러는 가운데 다중지능을 새롭게 접하게 되었다.

다중지능은 논리력과 사고력에만 치우친 기존의 지능 개념(IQ)의 한계를 극복하기 위해 정서지능(EQ)과 비슷한 시기에 등장한 것으로서, 최근 교육학이나 심리학 쪽에서 상당히 주목받는 새로운 지능 개념이다.

정서지능이 한 인간이 자기 자신에 대해 만족하고 주위 사람들과 원만한 관계를 형성하여 행복하게 살아가는 데 도움이 되는 지능이라면, 다중지능은 누구든 각자 갖고 있는 잠재 능력을 최대한 계발하여 자아실현을 이룸으로써 모두가 행복하고 만족스런 인생을 살아가는 데 큰 도움이 되는 지능이다.

다중지능은 교육심리학 분야에서 상당히 중시하는 새로운 지능이어서, 나 역시 평소 어느 정도 관심은 갖고 있었다. 그런데 서울대 교육학과 도덕심리연구실(책임 교수 : 문용린)에서 백범 김구의 생애를 다중지능의 관점에서 분석하는 연구에 참여함으로써 새롭게 들여다 볼 수 있는 기회를 얻게 되었다.

그 연구를 통해 나는 두 가지 면에서 크게 감탄하게 되었다. 하나는 백범 생애의 위대성이었고, 다른 하나는 그런 위대성을 제대로 분석해 낼 수 있는 도구로서 다중지능의 유용성이었다.

그렇게 다중지능에 대해 깊은 인상을 받은 상태에서 백범 김구 연구를 마치고 난 바로 다음해 겨울, 수학을 좋아하던 어린 딸이 신춘문예 최연소 당선이라는 아무도 예상치 못한 일을 벌이는 바람에 그것에 대해 다시 관심을 갖게 되었다. 다중지능은 여러 사람들의 다양한 성취와 삶의 흔적을 설명하는 데 아주 유용한 이론이기 때문이다.

나는 이 책을 통해서 자식 자랑이나 하려는 게 절대 아니다. 나는 지금, 내 아이든 남의 아이든 관계없이 특별한 성과를 내어서 우리의 시선을 사로잡는 많은 사람들의 삶의 흔적에 대해 무언가 설명해보고 싶은 강한 충동을 느끼고 있다. 동아일보가 2007년 봄에 연재한 "재능이 지능이다 : 21세기 신천재들"도 그렇지만, 박지성과 김연아, 박태환 등 우리 국민의 귀와 눈은 물론 마음까지 사로잡고 있는 젊은 그들은 도대체 어떤 재능과 특성을 지녔기에 그런 엄청난 성과를 낼 수 있을까 관심을 갖지 않을 수 없었다.

그들의 공통점을 살펴보면, 모두 재능에 맞는 분야에 완전히 몰입해서 그 과정 자체를 즐겼다는 것이다. 그래서 진정으로 행복해 보인다는 점이었다.

행복하고 성공적인 인생은 누구나 바라는 소망이다. 그런데 어떤 사람이 그런 인생을 살아갈 수 있을까? 자기가 좋아하고 잘하는 일을 전공이나 직업으로 삼아서, 자신의 재능을 최대한 실현할 수 있는 사람이 그 주인공이라고 나는 생각한다.

다중지능으로 비춰 본 딸의 재능

2007년 동아일보 신춘문예 희곡 부문에 당선된 딸의 재능을 다중지능의 틀에 비추어 보았는데, 아이는 8개의 지능 중 언어지능과 논리수학지능이 유난히 높았고(실제 측정 결과도 그랬다), 이 두 강점 지능의 결합이 당선작을 낳은 토대가 되지 않았나 생각한다.

당선작 〈변기〉의 주제는 권위에의 복종으로, 신의 형상을 두고 수도원에서 일어난 해프닝을 재치있게 그린 작품이다. '신＝변기'라는 설정 자체가 지닌 기발한 상상력과 통렬한 풍자가 돋보였고, 반전에 반전을 거듭하면서 클라이맥스에 도달하는 치밀한 구성이 심사위원들의 시선을 사로잡았다고 한다.

자식 자랑은 아니지만, 희곡에는 완전히 문외한인 나의 어설픈 안목으로 봐도 당선작은 대단히 치밀해 보였는데, 이처럼 치밀한 구성의 원동력은 바로 언어능력과 수리 능력의 절묘한 결합이었다. 딸은 마치 수열의 법칙을 찾듯이 희곡 작품을 구성한 것이다.

　이처럼 다중지능의 장점이자 특징은 8개의 지능들이 한두 개씩 짝을 이뤄서 다양한 색깔의 성취를 일궈내는 데 있다. 7가지 색깔의 빛이 한데 모여 찬란한 무지개를 만들듯이, 한 개인이 가진 다양한 색깔의 재능들이 한데 어울려 형형색색의 삶의 궤적들을 그려내는 것이다. 얼마나 의미 있고 아름다운 장면인가? 그런 개인들이 모여 사는 공동체는 또한 얼마나 멋진 모습인가?

다름은 틀림이 아닌,
특별함이다

당신은 길을 가다 아름다운 강물을 봤을 때 어떤 반응을 보이는가? 근사한 시구가 떠오르는가? 이바노비치의 '다뉴브강의 잔물결'이나 요한 스트라우스의 '아름답고 푸른 도나우'처럼 경쾌한 리듬과 산뜻한 멜로디가 연상되는가? 아니면 그 강물을 가로 막아 댐을 만들어 발전기를 돌렸을 때 얻을 수 있는 전력량을 계산하느라 머릿속이 분주한가?

사람마다 얼굴 생김새나 옷차림, 표정이 죄다 다르듯이 각자의 관심과 재능도 모두 다르다. 언어지능이 출중한 사람은 멋진 시구를 떠올렸을 테고, 음악지능이 탁월한 사람이라면 머릿속에 아름다운 선율이 물결처럼 일렁였을 것이다. 자연친화지능이 뛰어난 사람은 강물의 흐름과 색깔이 눈에 띄었을 것이고, 논리수학지능이 뛰어난 사람은 전력의 양을 계산하느라 바빴을 것이다. 이처럼 사람마다 재능은 서로 다르고 그에 따라 삶도, 성취도 달라진다.

다중지능의 매력은 사람마다 다른 재능과 성취를 모두 그려낼 수 있다는 데 있다. 또한 잠재력의 최대 발휘를 통해 자아실현을 이룸으로써 진정한 행복과 성공에 대해서도 설득력 있게 설명할 수 있다는 데 있다. 하나의 심리학 이론이 자아실현, 삶의 성공과 행복 등 우리 인생에서 정말로 소중한 것들을 이처럼 명쾌하게 설명하기는 참 어려운 일인데도 말이다.

우리는 다중지능을 그저 새로운 지능을 다룬 심리학이론의 하나쯤으로 생각해서는 안 된다. 과학이면서 철학인 그 이론에 담긴 크고 아름다운 세계를 제대로 보아야 한다.

■ 사람은 모두 다르다

다중지능의 기본 전제는 '개인의 다름'이다. 다름을 다름으로 보아야지 틀림으로 보아서는 안 된다는 논리다. 그런데 전통적인 지능(IQ)은 다름을 틀림으로 보았다. 이유는 단 하나, 각 개인의 지적 능력을 가늠힐 잣대가 오직 하나뿐이었기 때문이다. 그 잣대는 바로 논리적이고 수학적인 능력이었다.

그런데 인간의 정신 능력은 그런 잣대 하나로만 보기에는 너무도 다양하다. 저마다 색깔이 있고 모습이 있고 존재 의미가 있는데, 그걸 단 하나의 잣대로만 판단하여 천편일률적으로 재단(裁斷)하는 것은 개성의 가치, 아니 개인의 존엄성에 대한 심각한 모독으로 볼 수도 있다.

영국 어느 지방의 휴대폰 영업사원이었다가 2007년 6월 영국의 유명한 노래 경연대회인 '브리튼스 갓 탤런트'에서 파바로티를 연상케 하는 웅장하고 아름다운 목소리로 오페라 아리아를 불러, 하루아침에 세계적인 성악가의 반열에 오른 폴 포츠(Paul Potts)가 인터뷰 말미에서 "나는 나다"라고 말한 것도 같은 맥락일 것이다.

그는 이른바 미남도 '훈남'도 아닌 '비호감'의 외모에다 어눌한 말투, 고르지 못한 치열로 어릴 적부터 주위 사람들로부터 따돌림을 당했지만, 빼어난 음악적 재능을 살려 자신의 존재를 스스로에게, 그리고 전 세계 사람들에게 알렸다.

폴 포츠의 음성은 전체에 의해 가려질 수 없는 부분의 의미를, 다수에 의해 지워질 수 없는 소수의 존재를, '우리'에 의해 덮일 수 없는 '너와 나'의 가치를 설득력 있게 전한다.

맞는 말이다. 하나의 기계는 무수한 부속품이 모여 이뤄지지만, 인간은 기계와는 엄청나게 다르다. 부분의 합은 전체가 아니고, 소수의 단순한 집결은 다수가 아니며, 너와 나의 단순한 집합은 우리가 아니다. 부분은 부분으로서, 소수는 소수로서, 나는 나로서, 너는 너로서 저마다 존재 의미가 있고 기능과 역할이 있다.

'다르다'와 '틀리다'는 다르다. 남과 다르다고 해서 무조건 틀린 것은 아니기 때문이다. 단 하나의 잣대만 있으면 다름은 틀림이 될 수밖에 없는데, 지난 한 세기 동안 IQ는 바로 그런 오류에 빠져 있었고, 우리 모두를 그런 모순 속으로 몰고 갔다.

폴 포츠의 단호한 외침 속에는 차이가 차별로 여겨진 데 대한 진한 분노가 담겨 있고, 차별 아닌 차이에 대한 강한 확신과 바람이 들어 있다.

'틀림'과 '다름'의 차이를 인정하라

전통적인 지능(IQ) 하나로만 사람을 평가하면 또래와 다른 아이는 바보가 될 수 있는데, 아인슈타인과 에디슨이 좋은 사례다. 아인슈타인은 초등·중학 성적이 낙제를 간신히 면하는 수준이었고, 에디슨은 아예 초등학교에도 적응하지 못해서 중도에 탈락했다고 한다.

다중지능의 잣대는 여러 가지이고, 다중(多重)이란 명칭대로 중심(focus)도 여러 개다. 이처럼 잣대 또는 기준이 많다 보니, 다름을 틀림으로 간주하여 특별한 아이를 바보로 평가하는 오류를 범하지 않을 수 있는 것이다.

지난 시대가 '틀림의 논리' 속에 함몰된 모더니즘의 시대라면, 이제 새로운 세기, 새로운 천 년은 '나름의 논리' 속에서 인간의 다양한 잠재 능력을 인정하고 북돋울 수 있는 포스트 모더니즘의 시대라고 말할 수 있다. 천동설 대신 지동설이 나오면서 인류가 중세의 질곡을 넘어 화려한 근대의 문을 연 것처럼, 모더니즘에서 포스트 모더니즘으로 넘어서는 중요한 길목에는 IQ 아닌 MI(다중지능)가 위치한다.

　모든 것을 다 잘하는 아이도 없지만, 모든 것을 다 못하는 아이도 없다. 이 세상의 모든 아이들이 각자 자기가 좋아하고 잘하는 분야에서 재능을 충분히 살리면 그들은 모두 자기 분야에서 최고가 될 수 있다. 이제 IQ 라는 단 하나의 잣대 때문에 장차 크게 될 아이를 바보로 만드는 잘못을 더는 범하지 말자.

모든 것을
다 못하는 아이는 없다

　다중지능의 기본 전제는 인간의 정신 능력이 모두 다르다는 것이다. 그런데 학교 교육에서는 모든 아이들에게 같은 내용을 같은 방식으로 가르치고 평가한다. 얼핏 보면 이런 획일적인 교육과 평가는 평등해 보이고 교육적 정의에도 부합되는 것처럼 보인다.

　물론 모든 인간이 기계 부품처럼 똑같다면야 그런 교육과 평가는 공정하고 교육적 정의에도 부합될 것이다. 그런데 문제는 인간은 모두 다르다는 점이다. 입고 있는 옷부터 헤어스타일과 신발이 다르고, 얼굴과 성격도 다르다.

　가장 중요한 것은 정신 능력이 모두 다르다는 점이다. 다중지능에서 정신 능력의 차이는 각자가 갖고 있는 8개 다중지능의 프로파일이 다른 데서 기인한다. 마치 DNA의 무수한 염기 서열의 차이가 개체의 유전적 형질의 차이를 초래하듯이 말이다.

인간은 유형으로든 무형으로든, 외적으로든 내적으로든 서로 다르다. 그렇다면 이런 차이를 반영하는 것이 진정한 교육적 평등이고 정의가 아닌가 한다. 차이를 차이로 인정하는 것이 바로 평등교육이며, 차이를 차별로 잘못 받아들이는 것은 불평등교육이고 교육적 정의가 아니라 불의라는 것이다.

다중지능이론은 각 개인의 지적 능력의 차이를 철저히 인정하고 그것에 맞는 교육을 제대로 실시할 것을 요구한다.

■ 차이를 인정하고, 차별적으로 가르쳐야 한다

내가 다중지능에 대해 말하거나 강의할 때 늘 하는 얘기가 있다. 모든 것을 다 잘하는 아이가 없듯이 모든 것을 다 못하는 아이도 없다는 말이다. 논리수학적 능력을 뜻하는 전통적인 지능(IQ)만을 기준으로 모든 아이들을 일렬로 세우는 잘못을 더는 저지르지 말자는 뜻이다.

아이들 교실에 한번 가 보라. 교실에서 우리 아이들은 이미 한 줄이 아니라 여러 줄에 앉아 있지 않은가. 그래서 한 아이가 어떤 줄에서는 맨 앞(1등)에 앉지만 다른 줄에서는 맨 뒤(꼴찌)에 앉을 수 있도록 하자는 말이다. 교실은 이미 여러 줄, 즉 다중인데 우리는 지난 100년 동안 한 줄에만 익숙해 있었다. 그래서 오로지 학교 성적이라는 단 하나의 잣대로만 아이들을 일렬로 줄을 세웠던 것이다.

인간의 정신 능력은 다양한데, 그것을 대표하는 것이 바로 다중지능이다. IQ는 지난 100년 동안 이런 다양성을 저해하고 오로지 한 가지 기준으로 많은 학생들을 대했다. 그래서 다른 건 잘하더라도 IQ가 낮아서 공부를 못하면 아이나 부모나 괜히 주눅이 들고 위축되었다. 이제 그런 시대는 끝났다.

일과 놀이가
일치하는 삶이 가장 행복하다

　사람들은 제각기 다른 삶을 살아간다. 누구는 산에 가서 산삼을 찾느라 혈안이 되어 있는가 하면 산삼을 심기만 하고 절대로 캐지 않는 사람도 있다.

　의대를 나와 사람의 병은 고치지 않고 컴퓨터의 병을 고쳐서 더욱 유명해진 사람도 있고, 치과 의사를 하다 그만두고 보험 세일즈를 하면서 인생의 진정한 보람과 행복을 느낀다는 이도 있다. 또한 의사 집안에서 태어나 의대를 나와선 느닷없이 게임으로 전공을 바꾼 이도 있고, 대기업 부회장을 하던 때보다 웨이터를 하면서 오히려 인생의 진정한 보람을 느끼고 즐긴 이도 있다.

그뿐인가? 씨름 선수로 출발하여 지금은 개그맨과 MC로 대단한 인기를 끌고 있는 이도 있다. 그는 외모와는 달리 재치가 돋보이는 연예인이다. 사회를 볼 때도 풍부한 유머와 익살로 보는 이들에게 즐거움을 선사한다. 씨름판에서 타고난 힘과 기술로 상대 선수의 무릎을 꿇리던 그가 이제는 '무릎꽉 도사'가 되어 장안의 유명 스타들이 그 앞에 속절없이 무릎을 꿇게 만들고 있다.

한때 천하장사로서 모래판을 주름잡던 그가 이제는 시청자의 안방을 사로잡고 있으니 어찌 된 일인지 영문을 모르는 사람도 있을 것이다. 그런데 다중지능의 창으로 들여다보면 금세 수긍이 간다. 그는 언어지능과 신체운동지능을 고루 갖추고 있었고, 이를 다양한 분야에서 시차를 두고 발휘한 것뿐이다.

또 한 사람의 예를 들어 보자. 고교 졸업 후 5년 동안 막노동을 하다 서울대 인문계열에 수석 입학하고, 사법시험에 합격하여 연수원을 나온 2000년에는 느닷없이 프로복싱 테스트를 통과해서 신인왕에 도전한 이도 있다. 망치를 들던 손에 공부를 하느라 펜을 들었고, 그 다음에는 권투를 하느라 글러브를 끼웠다. 그는 논리수학지능과 신체운동지능을 고루 갖췄던 것이다.

여기서 의학이 게임보다 더 나은 전공이고, 의사나 대기업 부회장이 세일즈맨이나 웨이터보다 더 좋은 직업이며, 변호사가 권투 선수보다 더 나은 일을 한다는 가치판단은 더 이상 하지 않기로 한다. 인간 정신세계의 다양성과 삶의 다양한 가치를 생각하면 너무도 무의미하기 때문이다.

세상이 많이 바뀌고 시대도 변하고 있다.

이처럼 자기 색깔을 한껏 뽐내며 다양한 모습으로 살아가는 사람은 무수히 많다. 각자 자신이 하고 싶은 일, 그것만 하고 있으면 하루가 언제 가는지 모를 만큼 인생의 행복을 느낄 수 있는 일을 하면 된다. 이것이 바로 진정한 자아실현(Self-Actualization)이다.

자신이 좋아하고 잘하는 일을 직업으로 삼아 생활을 안정시킬 수 있다면, 세상에 그보다 더 성공적이고 행복한 사람이 또 어디 있을까? 일과 놀이를 일치시킨 사람이 있다면 그가 바로 가장 성공적인 인생을 사는 사람이고 가장 행복한 사람일 것이다.

성공과 행복은 멀리 있지 않다

인생의 성공과 행복은 지상 모든 사람의 공통된 꿈이요 희망이며, 자녀가 행복하고 성공적인 인생을 사는 것은 지상 모든 부모의 공통된 소망일 것이다. 너무도 당연한 얘기다.

그런데 어떻게 하면 거기에 이를 수 있는가? 이리저리 궁리를 하고 애를 쓰지만 파랑새는 쉽게 잡히지 않는다.

그 질문에 대해 다중지능이 내놓은 답은 의외로 간단하고 명쾌하다.

한 마디로 말해서, 아이마다 사람마다 좋아하고 잘하는 것이 따로 있는데, 그것을 맘껏 하도록 해 주자는 것이다. 재능(소질, 적성)에 맞는 전공과 직업을 선택해서 삶의 보람을 느끼도록 해 주자는 말이다.

이것은 지극히 상식적이고 옳은 이야기인데 왜 현실에서는 제대로 지켜지지 않고 있을까? 여러 가지 이유를 생각할 수 있다. 재능에 대한 무관심·무신경 때문일 수도 있고, 사회적 지위나 수입 같은 외적 요인 때문일 수도 있다.

사람은 누구든 자신이 좋아하는 일을 원 없이 할 수 있을 때 살아 있는 기쁨을 느낄 수 있다. 내가 이 땅 위에 진정으로 살아 숨 쉬고 있구나, 하고 느끼게 된다.

이처럼, 인생의 진정한 성공과 행복은 사회적 지위나 재산 같은 외적인 요인이 아니라 몰입이나 자아실현 같은 내적 요인에 의해 결정되는 것이다.

재능과 지능은
동일하다

가드너는 '재능이 바로 지능'이라고 보았는데 이는 다중지능의 핵심이다. 그에 의하면, 음악지능은 언어지능과 구조가 비슷한데, 언어적인 능력은 '지능'이라 부르면서 음악적인 능력은 '재능'이라 부르는 것은 과학적으로나 논리적으로 타당하지 않다.

그렇다, 우리 사회는 지금까지 재능과 지능을 은근히 차별해왔다. 그래서 공부를 잘 하면 '지능이 높다'고 하지만, 공부 이외의 분야에서 뛰어나면 '재능이 있다'고 말했다. 이를테면 노래를 잘 부르거나 그림을 잘 그리거나 운동을 잘하는 아이에 대해선 '머리가 좋다'고 말하지 않고, 단지 '재주가 좋다', '재능이 있다' 라고만 말해 온 것이다.

이와 마찬가지로, 공부를 잘하는 아이가 운동도 잘하면, '운동도 잘해'라고 말하지 '공부도 잘해'라고는 말하지 않았다. 공부를 못하는 아이가 운동을 잘하면 '운동은 잘해' 라고 말했다.

물론 이 모든 것은 재능보다 지능을 더 중요하게 여기는 편견 때문이었다. 그 편견 때문에, 이 땅의 많은 아이들이 단지 공부를 잘하지 못한다는 이유 하나로 얼마나 주눅이 들었던가. 자기 자신을 얼마나 무능하고 못난 사람으로 여겨왔던가.

공부를 하든 그림을 그리든 노래를 부르든, 하다못해 사람을 사귀든 인간의 모든 성취의 밑바탕에는 지적 능력이 깔려 있는 것이니, 이를 지능이니 재능이니 하며 구별하거나 차별할 이유가 하나도 없다.

그래서 다중지능의 창시자인 하워드 가드너(Howard Gardner)는 모든 사람이 갖고 있는 다양한 지적 능력들을 모두 지능이라 불렀다. 각자가 갖고 있는 다양한 재능이 바로 지능이라는 것이다.

그렇다, 지능과 재능은 같은 말이다. 가드너 역시 지능·재능·능력이라는 세 용어를 엄격히 구별하기는 어렵다고 말했다. 그는 다만, 어떤 능력은 지능이라 부르고 또 어떤 능력은 재능이라 불러서 지능과 재능을 차별하지 말 것을 강조한 것이다.

봄이 깊어가는 들녘에 나가 보라. 노란 꽃, 빨간 꽃, 파란 꽃…, 키가 큰 꽃과 작은 꽃 등… 형형색색, 각양각색의 꽃들이 저마다 아름다움을 과시하면서도 한데 어울려 피어 있지 않은가. 빨간 꽃이 피었다고 파란 꽃이나 노란 꽃이 언짢아 할 이유가 없고, 키가 큰 꽃이 피었다고 키 작은 꽃이 불평할 필요가 없는 세상, 그처럼 저마다 각기 다른 색깔과 모습으로 함께 피어 있어 아름다운 세상, 바로 이것이 다중지능이 지향하는 세계다.

소수가 아닌,
모두를 풍요롭게 하는 힘

다중지능에 대한 가장 큰 오해는 그것이 소수의 영재나 천재를 위한 이론이라는 것이다. 다중지능에는 그것보다 훨씬 크고 중요한 의미가 있는데, 다중지능을 피상적으로 이해하고 있는 사람들은 이런 오해 때문에 진짜 의미를 놓치기 쉽다.

한 마디로 말해, 다중지능은 뛰어난 재능으로 탁월한 성과를 내는 소수의 영재니 천재만을 위한 이론이 절대 아니다. 평범한 사람들의 일상생활을 윤택하고 풍요롭게 만드는 또 다른 힘도 갖고 있다. 이를 모른다면 그것은 다중지능이 그리는 크고 아름다운 세계를 제대로 이해하지 못하고, 그 이론이 우리 모두에게 전해 주는 아주 귀한 선물을 놓치는 결과가 된다.

폴 포츠에게 음악적 재능은 어린 시절에 그가 또래들에게 소외당할 때 큰 위로가 되었다. 아인슈타인의 경우는 어떤가? 그가 힘든 연구를 하다 지쳤을 때 음악은 그에게 큰 힘이 되어 주었다. 그들뿐만 아니라 보통 사람들도 몇 가지 지능을 함께 사용하면 훨씬 더 나은 성취를 낼 수 있다. 이처럼 각자의 재능은 특별한 성취의 토대가 되기도 하지만, 그에 앞서 우리 모두가 힘겨운 생의 바다를 건너는 데 힘이 되고 위안이 되기도 한다.

다시 말해, 다중지능은 영재나 천재에게만 해당되는 능력이 아니라 일반인이 일상생활을 불편함 없이 해 나가는 데도 큰 도움이 되는 능력이다. 소수를 위한 이론이 아니라는 얘기다. 가드너가 다중지능을 '일상적인 문제를 해결하는 능력'으로 정의한 데 주목하자.

그렇다. 다중지능에서는 한두 개의 강점 지능에 '올인'하여 소수의 천재나 영재를 키우는 것도 중요하지만, 현저하게 낮은 약점 지능을 어느 정도 끌어올려 8개 지능 모두를 일정 수준까지 갖추게 함으로써 모든 아이들이 일상생활을 원만하게 해 나가도록 하는 것도 상당히 중요하다. 그런 의미에서 다중지능은 전인(全人) 교육이라는 교육적 이상을 실현하는 데도 보탬이 된다.

사람들은 누구나 일상생활에서 자신의 재능을 활용하면서 살아간다. 그렇다면 다중지능이 우리 일상생활에 구체적으로 어떤 도움을 주고 있는가?

언어지능이 어느 정도 높으면 남에게 자신의 감정이나 의사를 정확히 전달할 수 있고, 청춘 시절엔 연애편지도 멋지게 쓸 수 있어서 좋다.

음악지능이 높으면 학교 친구나 직장 동료들과 노래방에 갔을 때 노래방 한쪽 구석에 꿔다 놓은 보릿자루마냥 움츠리고 앉아 있을 필요가 없다.

공간지능이 높은 사람은 길눈이 밝아서 어디를 찾아갈 때 정말 편하다. 물론 주차할 때도 크게 덕을 본다. 인터넷에 등장해서 사람들을 감탄케 한 '주차의 달인'은 다른 지능은 몰라도 공간지능 하나는 틀림없이 높을 것이다.

인간친화지능이 높으면 주변 사람들과 원만한 인간관계를 맺을 수 있어 자신과 타인 모두에게 좋다. 이 능력이 부족하면 학교나 직장에서 조직 생활을 하는 데 정말 애로가 많고, 자기는 물론 남까지 피곤하게 만든다. 이 지능은 또한 세일즈맨으로서 성공하는 데도 필수적인 능력이다. 타인의 의도와 욕구, 그리고 감정을 신속·정확하게 읽고 적절히 대응하지 못하면 무슨 세일즈든 성과를 내기 어렵기 때문이다.

신체운동지능이 너무 낮아도 은근히 생활에 불편함이 많다. '길치'니 '방향치'니 하는 사람이 공간지능이 낮은 사람이라면, '몸치'니 '기계치'니 하는 사람은 신체운동지능이 낮은 사람이다. 이들은 당장 자전거를 배우거나 자동차 운전을 배울 때 남보다 두 배, 세 배의 노력을 들여야 한다. 손재주가 너무 없는 사람은 집에서 세면내에 물이 막힐 때소차 남의 손을 빌려야 하는데, 남 이야기가 아니라 바로 내 이야기다.

한편, 자연친화지능이 높은 사람은 산에 갔을 때 식용 가능한 산나물과 버섯 정도는 쉽게 가려낼 수 있다. 그래서 적어도 독버섯을 따서 먹는 일은 면할 수 있다. 또한 봄철엔 매화와 벚꽃, 진달래와 철쭉을 구별하지 못하고, 가을엔 국화와 쑥부쟁이를 분간하지 못해서 아이들에게 무안을 당할 일도 생기지 않을 것이다.

이처럼 다중지능은 우리 모두가 평범한 일상을 살아가는 데도 중요한 역할을 한다. 특정 분야에서 뛰어난 성취를 보여 스타나 위인이 되는 데도 기여하지만, 보통 사람들이 자기 분야에서 행복하고 만족스러운 삶을 영위하는 데도 유익한 것이다. 스페셜리스트(전문가)와 제너럴리스트(일반직) 모두에게 도움이 되는 능력이라는 의미이다.

다중지능은 기본적으로 잠재 능력의 실현을 통해, 개인이 행복하고 그런 개인이 모여 이뤄진 공동체 전체가 행복한 세상을 꿈꾼다. 사람들이 각자 자신의 재능을 잘 살리면 각 개인의 능력은 커진다. 더 유능해진다는 뜻이다. 그렇게 해서 우리 각자가 저마다 아름다운 재능을 꽃피우게 되면, 누구든 자신의 삶에 대해 자신감을 느끼고 가슴이 뿌듯해질 것이다. 그리고 각 개인이 피워 내는 아름다운 삶의 꽃은 다른 사람들에게 큰 감동을 주기도 하고, 때로는 동시대인들을 이롭게 하기도한다.

화이부동(和而不同)이라는 옛말처럼, 사람들이 저마다 다른 재능과 개성을 최대한 실현하면서 함께 어울려 행복하게 살아가는 세상, 그것이 바로 다중지능이 꿈꾸는 새로운 세계다.

한 사람의 이론이 전 세계 수많은 사람들의 앎과 삶, 교육과 인생을 보는 눈을 그처럼 크게 바꿀 수 있다니, 그저 놀랍고 고마울 따름이다.

IQ의 시대는
지났다

  20세기는 IQ의 시대였다. IQ 검사가 처음 개발된 것이 1905년이니 지금부터 약 100년 전의 일이다. 그런데 20세기 후반에 이르러 100년 가까이 '천수'를 누린 전통적인 지능(IQ)의 한계를 인식하고 다양한 측면에서 인간의 정신 능력을 새롭게 연구하려는 시도들이 나타났고, 그 과정에서 EQ, MQ, SQ, NQ 등 무수한 큐(Q)들이 등장했다. 이른바 'Q자의 전성시대'가 도래한 것이다. 정서지능(EQ)과 다중지능은 Q자의 전성시대를 주름잡는 핵심 멤버들이다.

  IQ의 '백년 왕국'이 저물고 Q자의 전성시대가 도래한 가장 큰 이유는 바로 IQ 자체의 한계 때문이다. 역사학에서도 보면 한 시대, 한 문화권의

쇠퇴에는 외생 변수보다는 그 자체에 내재한 모순들이 더 큰 원인으로 자리하고 있지 않는가.

IQ의 한계 – 서번트 신드롬

그렇다면 IQ에는 어떤 문제가 있을까? 가장 큰 문제는 그것이 기억력, 계산력, 추리력 등 몇 가지 능력에만 한정되어 있어서 인간의 다양한 정신 능력을 대표하지 못한다는 점이다.

2008년 EBS-TV에서 인기리에 방송된 〈아이의 사생활〉 시리즈 4부 '다중지능' 편을 보면 서번트 신드롬(Savant Syndrome) 이야기가 나오는데, 이는 IQ의 한계와 다중지능의 장점을 한꺼번에 설명한 아주 좋은 사례다.

서번트 신드롬은 자폐증 같은 뇌기능 장애를 가진 이들이 어떤 분야에서는 천재성을 발휘하는 현상을 말한다. '바보 천재'라고 불리는 그들은 75%가 IQ 70 미만이지만, 특정 분야에서는 대단히 뛰어난 능력을 보였다고 한다.

여기서 '바보 천재'란 표현을 자세히 살펴보자. IQ를 기준으로 평가하면 '바보'가 되지만 다중지능으로 평가하면 '천재'가 된다는 뜻이니, IQ의 한계와 다중지능의 장점을 이보다 더 명쾌하게 설명할 수 있을까 싶다.

기억력 문제도 그렇다. IQ를 대표하는 것이 기억력인데, 그마저도 문제가 있다는 것이다. 위의 EBS 시리즈에서는 흥미로운 조사 연구도 하나 했는데, 다중지능 검사에서 언어지능이 높은 아이와 음악지능이 높은 아이 각각 20명을 대상으로 기억력 검사를 했더니, 언어지능이 높은 아이들은 단어나 창작동화에 대해서만 기억력이 높았고, 음악지능이 높은 아이들은 멜로디와 리듬에 대해서만 기억력이 높았다고 한다.

이것은 무엇을 말하는가? 기억력이 모든 분야에서 보편적으로 적용되는 능력이 아니라 특정 분야에만 한정적으로 작용하는 능력이라는 것이다.

창의성도 마찬가지다. 가드너는 창의성이 모든 분야에 걸쳐 적용되는 것이 아니라 한 가지 분야에서만 의미가 있다고 말한다. 그는 다빈치를 예로 들었다. 다빈치는 회화와 발명에 있어서는 창조적이었지만 다른 분야에서는 그렇지 않았다는 것이다.

언어 분야에 창의적인 아이가 있는가 하면, 음악 분야에 창의적인 아이가 따로 있다는 것이니, 이는 IQ의 한계와 다중지능의 장점을 시사하는 설득력 있는 언급이다.

이렇게 본다면 IQ 하나 낮다고 주눅이 들 필요는 전혀 없다. 자녀가 잘하는 재능 분야, 즉 강점 지능 분야에만 집중하면 된다.

IQ의 또 다른 문제들

IQ는 논리적이고 수학적인 능력이다. 그런데 이것도 중요한 능력인 것은 틀림없다. 그러니 IQ가 틀렸다거나 무의미하다는 것은 절대 아니다. 단지 그것만으론 부족하다는 것이다.

'학교의 우등생이 사회의 열등생'이란 말은 내가 어릴 적부터 듣던 말인데 아직도 들려오고 있다. 한 개인이 사회 속에서 행복하고 성공적인 삶을 살아가는 데는 학교 성적이 크게 영향을 미치지 않는다.

IQ가 인생의 성공과 행복을 예측하는 분량은 대략 20% 정도로 알려져 있다. 그런데다 IQ가 높다고 해서 무조건 공부를 잘하는 것도 아니다. IQ가 학습을 설명하는 분량은 50% 미만이기 때문이다.

IQ의 또 다른 한계는 신뢰도의 문제인데, 측정을 제대로 했느냐의 문제가 따른다. 사실 한 시간 정도의 지필검사로는 한계가 있다. 검사 당일에 배탈이 났다든가 그날 아침에 기분이 나빴든가 해서 컨디션이 좋지 않았다면 결과는 달라진다. 실제로 동일인을 대상으로 몇 가지 다른 IQ 검사지로 검사를 했더니 결과는 제각각이었다는 보고도 있다.

그렇기 때문에, 이를테면 IQ 100과 IQ 101 사이에 정말로 '1의 차이'가 있다고 말할 수는 없다고 본다. 그래서 역설적인 얘기지만 IQ는 하나의 수치보다는 차라리 점수띠(이를테면 100~105)로 나타내는 것이 더 정확할 수도 있다.

또 하나의 문제는 IQ 검사가 문화의 영향을 너무 많이 받는다는 점이다. 서울 강남에 사는 아이와 강원도 '동막골' 같은 곳에 사는 아이의 IQ를 비교해 보면 결과는 뻔하지 않겠는가. 이는 지능의 차이라기보다는 문화적 혜택이나 학습 효과의 차이라고 보아야 한다. 이를테면, 수학에서 인수분해 문제를 많이 풀어 본 아이가 그렇지 않은 아이보다 인수분해 시험을 치면 더 높은 점수가 나오는 것은 너무도 당연한 일이다.

그러니, 두 지역 아이들의 IQ가 같은 수치라고 해서 이들이 똑같이 영리하다고 보는 것은 모순이다. 미국에서 백인 아이들이 흑인 아이들보다 IQ가 더 높게 나온다고 해서, 원래 백인 아동이 흑인 아동보다 더 머리가 좋다고 말할 수 없는 것과 같은 이치다. 그래서 지적 능력을 따질 때 IQ처럼 현재의 도달 수준을 잴 것이 아니라 미래의 도달 가능성, 즉 잠재 능력을 재야 한다는 주장도 있는데, 설득력 있는 이야기다.

IQ의 마지막 문제는 검사 결과가 야기할 수 있는 낙인찍기(Labeling)의 문제다. IQ가 높으면 영재아, 낮으면 저능아라는 꼬리표가 붙게 마련인데, 이 꼬리표는 순기능보다는 역기능이 더 많다. IQ가 높게 나온 아이는 그것을 우등상장쯤으로 여기고 공부를 게을리할 것이고, 낮게 나온 아이는 그걸 마치 '주홍글씨'인양 부정적으로 받아들여서 전혀 노력하지 않을 것이다.

이처럼 IQ는 높아도 문제이고 낮아도 문제이기 때문에, 미국의 경우 많은 주에서는 학습 장애 등 특별한 경우가 아니면 IQ 검사를 법으로 금지시켜 놓고 있다.

물론 이러한 낙인의 문제는 다중지능에도 적용된다. 누구는 공간능력에 문제가 있다, 누구는 언어능력에 문제가 있다는 식으로 낙인을 찍는 일은 삼가해야 한다고 가드너는 역설하고 있다.

새로운 지능들의 등장에 주목하라

EQ(정서지능), MQ(도덕지능), PQ(열정지능), MI(다중지능)….

최근에 등장한 수많은 Q 중 교육심리학자의 입장에서 가장 중요한 것을 꼽으라면 나는 서슴지 않고 정서지능과 다중지능, 두 가지를 택한다. 이 두 지능은 한 개인이 그가 속한 공동체 속에서 행복하고 성공적인 삶을 영위하는 데 다른 어떤 지능보다 더 중요한 역할을 한다고 믿기 때문이다.

흔히 EQ로 불리는 정서지능은 자신과 타인의 감정 상태에 대한 정확한 인식을 바탕으로 개인적으로 행복하고 남들과는 좋은 인간관계를 형성하는 데 기여하기에 중요하고, 다중지능은 사람들이 저마다 다른 재능을 활짝 꽃피워서 성공적이고 행복한 인생을 살아가는 데 큰 영향을 미치니까 중요하다고 말할 수 있다. 그런데 두 지능을 깊이 들여다보면 서로 중복되는 부분이 있어 흥미롭다.

이를테면, EQ에서 자신의 정서 상태를 인식하는 능력은 다중지능에서 자기성찰지능(자신의 기분이나 동기, 욕구를 파악하는 능력)과 비슷하고, EQ에서 타인의 정서 상태를 인식·대응하고 그것을 바탕으로 원만한 대인관계를 형성할 수 있는 능력은 다중지능에서 인간친화지능(타인의 감정이나 동기 등을 인식·대응하는 능력)과 유사하다.

사실 다중지능이니 EQ니 IQ니 하는 것은 외부 세계에 객관적으로 존재하는 어떤 실체가 아니라 인간의 머릿속으로 만들어낸 개념, 즉 구성개념(Construct)이기 때문에, 개념의 명칭은 달라도 그 개념이 지칭하는

'실체'는 동일한 것일 수 있다.

즉, 다른 관점과 각도에서 보았는데도 어떤 것이 중복되어 나타났다면, 그것은 그만큼 중요한 것이라고 봐야 하지 않을까? 이는 높은 산에 오를 때 여러 사람들이 각기 다른 등산로를 따라 올랐는데도 같은 지점에서 만나는 것과 유사하다. 이렇게 본다면, 다중지능은 정서지능을 포함하는 포괄적인 지능이라고 볼 수 있다. 20세기 후반에 이르러 유난히 많은 Q들이 등장한 것은 사람들이 IQ의 한계를 인식하고 그것을 보완하기 위해 새로운 지능 개념을 찾아 나섰기 때문이다.

교육학자들은 많은 Q들 중에서 다중지능이 가장 의미 있고 중요하다고 본다. 다중지능은 재능의 최대한 발현을 통한 삶의 성공과 행복, 그리고 자아실현을 가능케 하는 지능이기 때문이다.

2

다중지능이

언어지능, 음악지능, 논리수학지능, 공간지능, 신체운동지능, 인간친화지능,

그리는 여덟 색깔

자기성찰지능, 자연친화지능. 개개인이 지닌 이 8가지 지능이 다양하게 발현될 때

무지개

세상은 너욱 아름나워진나.

인생의 성공과 행복을 비추는 여덟 색깔 무지개

천상에서는 무지개가 하늘을 아름답게 수놓고 있지만, 지상에서는 사람들이 저마다 고유한 색깔로 자신의 삶을 빛내고 세상을 밝힌다. 현재 다중지능의 수는 8개로 늘어났지만 처음 나왔을 때는 7개로 무지개 색깔의 수와 정확히 일치했다. 이제부터 이 8가지 눈부신 색깔을 하나씩 살펴보기로 하자.

 언어지능, 말이나 글로 자기를 표현하는 능력

언어지능은 문자나 언어라는 상징을 잘 활용할 수 있는 능력이다. 한마디로 말해, 말이나 글을 잘 하거나 잘 쓰는 능력이다. 이 지능이 높은 사람이 선택할 수 있는 직업군은 시인, 소설가, 수필가, 사서, 번역가, 통역사, 방송 PD, 기자, 아나운서, 변호사, 정치인, 영업사원, 개그맨 등 무수히 많다.

나는 투르게네프의 산문시를 아주 좋아하는데, 그 시를 읽으면 한 편의 시를 읽는 게 아니라 한 폭의 그림을 보는 듯 묘사가 아주 정확하고 사실적이다. 공간지능이 뛰어났다면 대상을 그림으로 표현했겠지만 언어지능이 뛰어난 그는 아름다운 시를 쓴 것이다. 이처럼 표현 매체가 다른 것은 사람마다 지능(재능)이 다르기 때문이다.

말을 잘하는 사람이 있는가 하면, 글을 잘 쓰는 사람도 있다. 내 경우에는 말보다는 글 쪽인데, 두 딸 지현·우현이도 그런 것 같다. 나는 남에게 의사표시를 할 때 말보다는 글을 더 선호한다. 말보다 글이 더 낫기 때문이다. 그래서 남에게 중요한 메시지를 전할 때는 반드시 말보다는 글을 택한다. 말로는 내 의사를 명확하게 전하지 못할 때가 많다. 그래서 나중에 '이게 아닌데, 왜 그렇게 말했지?' 하고 후회한 적이 한두 번이 아니다.

글(문학)에도 시나 소설 등 여러 장르가 있다. 소설은 작가가 많은 이야기를 주저리주저리 늘어놓지만 시는 다르다. 시는 독자들에게 친절하게 이야기를 해 주지 않고 독자 스스로가 머릿속으로, 혹은 가슴 속으로 많은 이야기를 만들어 가기를 원한다.

같은 언어지능이 높은 사람인데도 누구는 말을 잘하고 누구는 글을 잘 쓰고, 어떤 사람은 시인이 되고 또 어떤 사람은 소설가가 되기도 하는

데, 그렇게 만드는 내적 특성과 외적 요인은 무엇인지 생각할수록 신비롭기 짝이 없다.

■ 음악지능, 멜로디와 리듬으로 자기를 표현하는 능력

아름다운 강을 보았을 때 멋진 시구가 떠오르면 언어지능이 높은 사람이지만, 근사한 리듬과 멜로디가 떠오르면 음악지능이 높은 사람이 된다.

비발디의 〈사계〉 중 '봄'을 들으면 봄의 약동이 마치 아지랑이처럼 피어오르고, 따스한 봄의 숨결이 눈에 보일 듯, 귀에 들릴 듯, 손에 잡힐 듯하지 않은가. 초등학생 시절 가을 운동회가 열리는 운동장에 삶은 고구마와 밤을 들고 들어설 때면 어김없이 들리던 요한 스트라우스의 '라데츠키 행진곡'의 경쾌한 리듬은 어린 우리들로 하여금 드넓은 운동장을 마구 달리고 싶도록 만들지 않았던가.

'아름답고 푸른 도나우'는 또 어떤가? 그 선율에 실려 흐르는 맑고 아름다운 강의 물결은 언제나 우리 가슴을 설레게 한다. 우리나라에서 가장 많이 연주된다는 베토벤의 '합창' 교향곡을 들으면, 가사는 잘 모르지만 그 웅장한 멜로디와 리듬만으로도 우리의 영혼은 한 단계 업그레이드되는 것을 느낀다.

이처럼 리듬과 멜로디라는 독특한 상징을 통해 인간의 감정과 마음을 정화하고 정신과 영혼을 드높이는 것, 이것이 바로 음악지능의 역할이요 힘이다.

음악지능은 멜로디와 리듬이라는 상징을 잘 활용하여 자신의 감정이나 느낌, 생각이나 신념 등을 표현할 수 있는 능력이다. 이 지능이 강점 지능으로 나타난 사람은 성악가, 연주자, 가수가 될 수 있고, 인간친화지능까지 갖추면 지휘자나 음악 교사, 음악 치료사가 적합하고, 신체운동지능까지 겸비하면 댄서나 무용가, 피겨스케이팅 선수가 될 수 있다.

논리수학지능, 수학적인 상징을 이해하고 창조하는 능력

논리수학지능은 숫자나 기호, 규칙이나 법칙이라는 상징을 잘 이해하고 창조할 수 있는 능력이다. 전통적인 지능인 IQ는 논리수학지능에 해당하는데, 이 지능이 높은 사람은 수학자, 과학자, 공인회계사, 법조인, 증권사 애널리스트, 펀드매니저, 외환딜러, 컴퓨터프로그래머, 의사, 수학 및 과학 교사 등 실로 다양한 직종에서 활동할 수 있다.

다중지능의 관점에서 보면, 우리가 지난 100년 동안 매달렸던 IQ는 8개 지능 중 하나(논리수학지능)에 지나지 않는다. IQ는 지적 능력의 $\frac{1}{8}$에 불과한데 그것이 전부인 것처럼 과잉대접을 받아온 것이고, 그러니 지금이라도 8가지 능력을 골고루 인정하고 대접을 해주자는 것이다. '재능이 지능이다' 또는 '지능의 민주화'라는 말도 같은 맥락이다.

그런데 IQ가 전혀 쓸모가 없다는 말은 절대 아니다. 논리적이고 수학적인 능력은 인간이 무슨 일을 하든 중요한 역할을 하는 기본 능력임에 틀림없기 때문이다. 사실 학업 성취(공부)에 있어서는 IQ만큼 큰 영향을 미치는 변수는 없다. 한 마디로 '스타 플레이어'라는 말이다.

그러나 결국 스타 플레이어 한 사람만으로 되는 세상 일은 별로 없다. 연극이나 영화에서도 조연이 잘해야 주연이 빛나지 않은가. 그리고 조연이 주연이 되는 경우도 더러 있지 않은가.

아니, 인생이라는 무대 위에서는 주연이니 조연이니 하는 차별이 아예 없다. 모두가 자기 삶의 무대에서는 주연이기 때문이다. 자신의 재능을 최대한 실현하면서 성공적이고 행복한 삶을 살아가는 사람은 누구든 자기 삶의 주인이고, 인생 무대의 당당한 주인공이기 때문이다.

공간지능, 위치와 방향을 인지하는 능력

공간지능은 도형이나 그림, 지도 등의 상징을 잘 활용할 수 있는 능력이다. 건축설계사나 화가, 디자이너, 조각가, 사진사, 조종사, 항해사, 택시운전사 등은 이 지능이 높은 사람에게 적합한 직업군이라 할 수 있다.

물론 박지성과 박찬호, 박세리 등 운동선수들도 공간지능이 높다. 이 지능이 높은 사람은 컴퓨터 게임인 테트리스나 헥사에서도 남보다 빨리 높은 점수에 도달한다.

공간지능을 상식적으로 말하면 '길눈'쯤 되겠다. 길눈이 밝으면 어딜 찾아갈 때도 헤매지 않아서 좋다. 나는 길눈이 많이 어둡지만, 아내는 대단히 밝은 편이다. 그만큼 공간지능이 높다는 뜻이다.

그래서 아내와 함께 운전해서 어디를 찾아갈 때 나는 정말 편하다. 핸들만 잡고서 옆에서 좌회전 하라면 좌회전 하고 우회전 하라면 우회전한다. 그러면 정확히 목표 지점이 나온다. 아내는 심지어 밤에 처음 갔던 곳도 정확히 기억해낸다. 내겐 전혀 불가능한 일이다. 그러니 나처럼 공간지능이 떨어지는 사람은 택시 운전 같은 일은 '죽었다 깨도' 못하겠다는 생각을 많이 했었다.

■ 신체운동지능, 몸짓이나 동작 등에 민감한 능력

신체운동지능은 춤, 운동, 동작이라는 상징을 잘 이해하고 활용할 수 있는 능력이다. 이 지능은 다시 동작 능력과 표현 능력으로 나눌수 있다. 동작 능력은 근육을 이용하여 의도된 행동을 잘 하거나 기계 또는 도구를 능숙하게 다루는 능력이고, 표현 능력은 제스처나 표정을 통해 자신의 감정이나 의사를 잘 드러내는 능력이다. 이 지능이 높은 사람은 운동선수, 무용가, 엔지니어, 산악인, 경호원, 체육 교사, 연기자 등의 직업에 적합하다.

운동을 하는 데 무슨 지능인가, 하고 생각하는 사람도 있겠지만 그렇지 않다. 몸짓이나 동작 등 인간의 모든 행동에는 지적 능력이 바탕에 깔려 있다. 물론 체력이 좋고 체격이 좋은 것은 이 지능과 관계가 없다. 신체운동지능은 신체 자체나 신체적인 힘이 아니라 그것을 잘 이해하고 다룰

다 중 지 능 혁 명

수 있는 지적 능력인 것이다.

차두리 선수가 축구 국가대표팀에 처음 모습을 드러냈을 때가 생각난다. 그는 우리나라 선수답지 않게 체격과 체력이 모두 좋았다. 체격이 워낙 좋다보니 '그와 한 번 부딪히면 최소한 전치 몇 주 부상'이라는 우스갯소리까지 생겨났고, 체력이 아주 강해서 엄청 빨리 달리다 보니 어떤 때는 공이 자기 뒤에 있는 것도 모르고 오로지 골문을 향해 질주한 적도 있었다 한다. 그러나 이후 그의 기량이 급성장하면서 그런 장면은 더 이상 찾아볼 수 없었다.

그런데 축구를 잘하는 사람이 다른 종목, 이를테면 체조 같은 종목도 무조건 잘할까? 그건 아닌 듯하다. 축구 선수가 공을 찰 때와 체조 선수가 평행봉을 할 때 몸을 이해하고 다루는 방법은 서로 다르기 때문이다. 앞서 언어지능의 분야가 시나 소설 등으로 나누어졌듯이 신체운동지능의 경우도 마찬가지다. 요컨대 모든 것을 다 잘하는 사람도 없는 반면, 모든 것을 다 못하는 사람도 없고, 사람마다 잘하는 것이 모두 다르다는 게 다중지능의 기본 전제다.

연기자들도 신체운동지능이 높은 사람들이다. 표정과 동작, 제스처 등도 이 지능의 주요 상징이기 때문이다. 실제로 가드너는, 연극이 몸짓(제스처)과 얼굴 표정 등을 활용하여 의도된 행동을 이끌어내는 신체운동지능과 인간친화지능이 결합된 예술 행위라고 보았다.

인간친화지능, 남을 잘 이해하고 사귀는 능력

인간친화지능은 타인의 감정(정서)과 의도, 욕구 등을 잘 인식하고 그에 적절히 대응할 수 있는 능력이다. 이 능력은 원만한 인간관계의 형성과 유지를 위한 기본 토대가 된다는 점에서 매우 중요하다. 상대방이 지금 기쁜지 슬픈지, 그리고 무엇을 바라고 원하는지, 뭘 하려는지 제대로 파악하지 못하면 주위 사람들과 좋은 관계를 맺기 어렵기 때문이다.

직장에서 직무 수행을 하는 과정에서 인간관계가 얼마나 중요한지를 시사하는 좋은 사례로 미국 벨 연구소(Bell Laboratories)의 경우를 들 수 있다. 이 연구소의 사례는 첨단 분야의 연구에도 인적 네트워크가 중요하다는 점과, 그 네트워크의 형성에 가장 중요한 역할을 하는 것은 바로 대인 관계라는 점을 밝혔다.

굳이 직장에서의 직무 수행이 아니라도 그렇다. 한 사람이 행복하게 살아가려면 어디서 무엇을 하든 주위 사람들과 좋은 인간관계를 맺어야 함은 너무도 당연한 얘기다. 특히 왕따 현상이 심각한 어린 시절에는 이런 능력이 더 절실히 필요할 것이다.

인간친화지능은 자기성찰지능과 함께 '인성에 관련된 지능'에 속한다. 이 두 지능은 다른 6개의 지능들과는 성격이 다르다. 특정 분야의 재능이기도 하지만, 그것보다는 한 인간으로서 세상을 행복하게 살아갈 수 있는 기본적 능력이라는 성격이 더욱 강하다.

물론 인간친화지능도 다른 지능들처럼 특정 분야의 재능이기도 하다.

이를테면 변호사, 세일즈맨, 정신과의사, 카운슬러, 호텔리어, 간호사, 사회복지사, 비서, 컨설턴트 등 사람을 상대하는 직업 종사자들에게는 필수적인 능력이다.

자기성찰지능도 성직자나 철학자 등 특정 직업군에 활용될 수 있는 특수한 재능이지만, 모든 사람들이 반드시 갖춰야 하는 일반적인 재능의 성격이 더 강하다.

■ 자기성찰지능, 스스로를 성찰하고 단련하는 능력

자기성찰지능은 자기이해지능으로도 불린다. 이해는 성찰의 출발점이 된다. 즉 자기 이해를 바탕으로 자기 성찰로까지 나아가야 한다. 자신의 장단점을 파악하고, 내면의 동기와 욕구, 감정과 의도를 인식할 수 있는 능력이다.

이 지능은 자신이 누구인지, 무엇을 좋아하고 잘하는지, 무엇을 하고 싶은지, 어떻게 살 것인지 등에 대해 진지하게 성찰할 수 있는 능력이기 때문에, 인간의 모든 성취의 토대가 되는 가장 기본적이고 일반적인 지능이라 할 수 있다.

가드너는 이 지능이 한 개인의 인생행로를 결정하는 데 매우 중요한 역할을 하기 때문에 21세기에서 더욱 중요하다고 말한다. 현내사회처럼 빠르게 변화하는 시대를 살아가나 보면 자신의 욕구와 필요, 열망을 신속·정확하게, 그리고 유연하게 이해하고 대처하는 일이 무엇보다도 중요하다는 것이다.

아무리 비범한 재능을 지녔다고 해도 자기성찰지능이 부족한 사람은 자신의 재능을 제대로 발휘할 수 없게 된다. 이를테면 언어지능이나 음악지능이 높다고 해서 무조건 훌륭한 문인이나 음악가가 되는 것은 아니다.

훌륭한 문인이 되기 위해서는 문학 분야에 한정되는 특수 지능인 언어지능이 자기성찰지능의 도움을 받아야 하고, 뛰어난 음악가가 되기 위해서는 음악 분야에 한정되는 특수 지능인 음악지능이 자기성찰지능의 지원을 받아야 한다는 뜻이다.

그렇기 때문에, 이 지능이 부족한 사람은 어떤 분야에서 무슨 일을 하든 자기 능력을 충분히 발휘할 수 없게 된다. 그래서 이 지능은 8개 지능 중 하나이면서도 다른 한편으로는 나머지 지능들과 조합을 이뤄서 다양한 성취를 낳게 하는 기본 지능의 성격을 지닌다.

인류의 역사에 길이 남은 위인들은 대체로 자기성찰지능이 높다고 볼 수 있다. 이 지능이 높지 않으면, 남과 타협하지 않고 자신의 길을 곧게 나아가기가 힘들다. 자신의 한 번 밖에 없는 인생, 하나 밖에 없는 생명을 바쳐서 나아가야 할 길이 무엇인지 제대로 알고 실천하기가 어렵기 때문이다.

인도의 마하트마 간디와 마더 테레사 수녀, 그리고 미국의 마틴 루터 킹 목사, 우리나라의 백범 김구 등 인류사의 하늘을 아름답게 수놓고 사라져 간 위인들의 공통점은 모두 이 지능이 높다는 점이다. 그들은 모두 진정으로 자신이 무엇을 해야 하는지, 무엇을 하기를 원하는지 명확히 인식하고 실천에 옮긴 사람들이다.

■ 자연친화지능, 자연을 이해하고 보듬는 능력

자연친화지능은 가장 나중에 나타난 지능이다. 다중지능은 처음에는 무지개의 색처럼 7개였다가 자연친화지능이 추가되면서 8개가 되었다. 물론 반쪽짜리 지능인 실존지능까지 합치면 8½개 지능이 된다.

자연친화지능은 지상에 존재하는 다양한 식물과 동물의 종(種)을 분류·인식하고, 이들 생물체와의 공존과 조화를 추구할 수 있는 능력이다. 이 능력이 뛰어난 사람으로는 진화론의 찰스 다윈과 곤충학자 파브르, 식물학자 린네, 그리고 국내에서는 '새 박사' 윤무부 교수 등이 거론된다. 이들의 공통점은 사람이나 사회보다 자연에 대한 관심과 애정이 더 깊다는 점이다.

자연친화지능은 자연탐구지능으로도 번역되는데 의미는 약간 다르다. 자연탐구가 자연을 이해의 관점, 즉 분석이나 관찰의 대상으로 보는 관점이라면, 자연친화는 자연을 조화나 공존의 대상으로 보는 관점이다. 물론 자연에 대한 이해가 있어야 조화나 공존이 가능하다고 본다면 '자연친화'가 더 넓고 진전된 용어인 듯하다.

〈월든〉의 저자, 헨리 데이빗 소로우는 '자연 탐구를 바탕으로 한 자연친화'의 전형적인 모습을 보여준다. 그는 하버드대학을 졸업한 직후 세상을 등지고 월든 호숫가로 들어가 오두막을 짓고 홀로 2년 동안 생활했다. 〈월든〉은 이런 경험을 엮은 세계적인 명작이다.

〈주홍글씨〉의 저자, 너새니얼 호손은 이런 소로우를 '야생 자연의 모습이 그대로 남아 있는 젊은이'라고 평한 적이 있다. 이처럼 소로우는 자연에 대한 관심과 애정이 깊었다. 반듯한 도로와 번듯한 건물보다는 바다와 사막을 더 좋아했고, 과수원 사과보다는 야생 사과를 더 좋아했으며, 향기로운 정원보다는 적막한 습지를 더 좋아했다고 한다.

> 소로우와 함께 있으면 강둑과 강에 사는 모든 식물과 꽃들, 그리고 우리
> 주위의 모든 물고기, 거북, 개구리, 도마뱀이 그동안 우리 편견 속에 갇혀있
> 던 그 비천한 형상을 벗고 신비하고 아름다운 모습으로 변한다.
>
> (윤규상 역, 〈헨리 데이빗 소로우〉, 127쪽)

그런데 여기서 우리가 유의해야 할 것이 하나 있는데, 그는 자연을 분석과 관찰의 대상이기에 앞서 공존과 조화의 동반자로 보았다는 점이다. 그는 하등 동물에 대해서도 깊은 관심과 사랑을 갖고 교감했다. 동물은 그에게 인간처럼 개성을 인정해 주고 예의 있게 대접해야 할, 같은 피조물이었던 것이다. 월든 호숫가의 오두막은 참새, 다람쥐, 두더지, 토끼, 박새 등 여러 짐승들의 거처이기도 했으니, 이는 '생명에의 외경'을 외친 슈바이처 박사를 절로 연상케 하는 대목이다.

그의 어깨 위에 참새 한 마리가 앉기도 하고, 그가 습성을 관찰하려고

데리고 있던 다람쥐는 놓아주어도 계속 그를 찾아왔다고 한다. 소로우가 가진 동물과의 교감 수준이 어느 정도인지 짐작이 간다. 이것은 자연 이해를 넘어선 자연친화의 능력이다. 자연친화지능이 높은 사람은 식물학자, 동물학자, 한의사, 환경운동가, 조리사, 원예가, 생물 교사 등의 직업을 선택하면 좋다.

억지로라도 길러야 할
기본 지능이 있다

　명색이 다중지능인 만큼 각 지능의 성격도 '다중'이라 차이가 있다. 가드너는 초기의 7개 지능을 크게 세 묶음으로 분류한 적이 있다. 언어·논리수학지능은 학교 교육에 관련된 지능으로, 음악·신체운동·공간지능은 예술 분야에 관련된 지능으로, 자기성찰·인간친화지능은 인성에 관련된 지능으로 본 것이다. 물론 여기에는 나중에 추가된 자연친화지능과 아직 온전한 지능으로 볼 수 없어 $\frac{1}{2}$지능이라는 꼬리표가 붙어있는 실존지능은 빠져 있다.

　모든 사람은 8개 지능 모두를 어느 정도는 갖고 있지만, 어떤 지능의 경우 너무 낮으면 일상생활에 지장이 있기 때문에 억지로라도 어느 정도까지는 끌어올려야 하는데, 기본 지능이 바로 그렇다.

기본 지능과 특수 지능

전통적인 지능에 일반요인(G-요인)과 특수요인(S-요인)이 있듯이, 8개의 다중지능도 성격에 따라 기본 지능과 특수 지능으로 나눌 수 있을 듯하다. 특수 지능이 특정 분야에만 적용할 수 있는 소질이나 적성과 비슷한 지능이라면, 기본 지능은 특정 분야와는 상관없이 모든 분야에 두루 적용할 수 있는 인성이나 인품 등 인간의 일반적인 품성에 관련된 지능이라 할 수 있겠다. 물론 특수 지능과 기본 지능의 구별은 가드너의 공식 견해가 아니라 내가 이 책을 쓰는 과정에서 다중지능의 기능이나 역할을 더 잘 설명하기 위해 고안한 것이다.

특수 지능은 어느 한 가지 전공이나 직업 분야에 연결될 수 있는 지능으로서, 언어·음악·논리수학·공간·신체운동·자연친화지능이 이에 해당한다. 이 지능들은 특정 분야에 필요한 소질이나 적성과 비슷해서 전공 선택이나 직업 선택과 직접적으로 연결될 수 있다는 장점을 지닌다. 이와는 달리, 인간친화지능과 자기성찰지능, 그리고 실존지능은 우리 각자가 무슨 전공이나 직업을 택하든 인간으로서 누구나 가져야 할 기본적인 능력이라는 성격이 강하다.

인간친화지능은 타인의 감정과 의도, 욕구를 인식하고 대응하는 능력인데, 이 능력이 부족하면 원만한 인간관계를 맺을 수 없다. 그래서 다른 능력이 아무리 뛰어나도 넓디넓은 세상의 바다 위에서 홀로 외딴섬처럼 떠있게 된다.

자기성찰지능은 자신이 누구인지, 무엇을 느끼고 원하는지, 어떻게 살아야 하는지에 대한 인식 능력인데, 이것이 부족하면 인생길을 흔들림 없이 나아갈 수 없다. 그래서 다른 지능이 아무리 높아도 이 지능이 낮으면 특정 분야에서 자신의 능력을 충분히 발휘할 수 없게 된다. 음악지능이나 언어지능이 높다고 해서 무조건 훌륭한 음악가나 문학가가 되지 않는 것은 바로 이런 이유 때문이다. 자기성찰지능이 이 지능들을 뒷받침해 주어야만 탁월한 음악가도 될 수 있고 문학가도 될 수 있는 것이다.

그런데 기본 지능과 특수 지능의 구별은 고정된 것이 아니다. 이를테면 기본 지능의 성격을 가장 뚜렷하게 지닌 인간친화지능이라도 카운슬러나 세일즈맨 같은 특정 직업에 활용되면 기본 지능이 아니라 특수 지능으로 작용하게 된다. 마찬가지로 특수 지능의 성격이 강한 지능도 어느 한 가지 전공이나 직업 분야가 아니라 일상생활 전반에 활용되면 기본 지능의 역할을 하게 된다. 예를 들어, 언어지능이 작가나 언론인이라는 특정 직업에 활용되면 특수 지능이 되지만, 다른 분야에서 일을 하면서 자기 일에 도움이 되는 정보 수집이나 의사소통의 도구로 사용하면 기본 지능으로 활용되는 것이다.

논리수학지능도 그렇다. 이 지능을 활용하여 수학자가 되면 특수 지능이 된다. 그러나 논리수학지능은 논리적 사고 능력과 기본적 계산 능력으로서 다른 많은 분야의 과제 수행이나 일상생활에도 활용될 수 있는

데, 그럴 때는 기본 지능으로 작용하는 것이다.

그러므로 자녀가 어떤 지능이 높을 때, 장차 그것을 특수 지능으로 활용할지 기본 지능으로 활용할지 잘 판단해야 한다.

◻ 강점·약점 지능과 보조 지능

요즘 다중지능이 학부모들에게 많은 인기를 끌고 있지만, 다들 자녀의 강점 지능에만 관심을 갖고 매달리고 있다. 물론 강점 지능도 중요하다. 왜냐하면 그 지능을 중심으로 전공을 선택하고 직업을 골라야 하기 때문이다.

그런데 우리는 자녀의 약점 지능에 대해서도 알아야 한다. 가드너에 의하면 다중지능은 기본적으로 '일상생활에서의 문제해결력'이기 때문에, 8개의 지능 중 어느 하나라도 현저하게 떨어지면 일상생활의 불편을 피할 수 없다. 영재나 천재가 되기는커녕 인생을 불편하게 살아가게 된다는 것이다. 그러니, 강점 지능만 살필 것이 아니라 약점 지능도 살펴봐야 한다.

강점 지능이란 8개의 지능 중 가장 높은 지능을 말한다. 그런데 지능하나가 유난히 높은 사람도 있지만 몇 개의 지능이 두루 높은 사람도 있다. 레이저형 지능과 서치라이트형 지능이 바로 그것이다.

레이저형은 한두 지능만 높은 경우고, 서치라이트형은 몇 가지 지능이함께 높은 경우다. 그런데 서치라이트형에서도 가만히 들여다보면 가장 높은 지능이 하나 있다. 이것이 바로 강점 지능인데, 이 지능을 위주로 전공과 직업 분야를 선택하면 된다.

보조 지능은 그런 강점 지능을 지원하는 지능이라 할 수 있다. 세상일이란 그리 간단한 것이 아니어서, 강점 지능 하나만으로 대응이 가능한 분야도 있지만 몇 개의 지능이 조합을 이뤄서 대응해야 하는 분야가 더 많다. 그래서 보조 지능이 필요하다.

아인슈타인의 경우는 보조 지능을 잘 활용하여 강점 지능을 더욱 빛낸 좋은 사례다. 그는 논리수학지능 외에 음악지능도 상당히 높았다고 한다. 과학자로서 탁월한 성과를 낳았지만, 그런 성과를 낳는 데는 그의 음악적인 능력도 중요한 역할을 한 것이다.

그의 연구에서 우주의 경이로움은 음악의 아름다움과 깊게 연결되어 있었다. 과학 연구 자체가 음악이었다는 말이다. 아인슈타인은 자신의 생애에서 가장 큰 의미를 갖는 것들 중 하나가 음악이라고 자주 말했고, 숨이 막힐 만큼 힘든 상황에 부딪히면 항상 음악에서 위안을 얻었다고 한다. 그는 이렇게 말했다.

"음악은 과학 연구에 직접적인 영향을 주는 것은 아니지만, 둘 다 동경이라는 같은 샘에서 나온 것이고 서로 보완적인 관계에 있다."

그런데 그의 경우 과학을 전공 및 직업 분야로 선택했기 때문에 논리수학지능이 강점 지능이 되고 음악지능은 보조 지능이 된다. 만일 그가 음악지능을 살려서 음악가가 되었다면, 음악지능이 강점 지능이 되고 논리수학지능은 보조 지능이 되었을 것이다.

지금까지 다중지능을 구성하는 여덟 가지 지능을 알아보고, 다시 이들을 기본 지능과 특수 지능, 강점·약점 지능과 보조 지능으로 나누어 살펴보았다. 지금부터 이어질 이야기는 자기성찰·인간친화·실존지능에 대한 설명들이다. 이들 세 가지 지능은 아이가 어떤 미래를 선택하든 반드시 갖추어야 할 기본 지능인 동시에 더 나은 삶을 살아가게 하는 밑거름이 되기 때문이다.

자기성찰지능의
독특한 역할에 주목하라

앞서도 말했지만, 자기성찰지능은 기본 지능의 성격이 가장 강한 지능이라 할 수 있다. 이 지능이 부족하면 어떤 전공이나 직업을 선택하든 자신의 능력을 충분히 발휘하는 데 지장이 많다. 다른 지능들이 아무리 뛰어나더라도 말이다.

자기성찰지능은 한 마디로 자기 자신을 잘 이해하고 통제할 수 있는 능력이다. 자신이 무엇을 원하는지, 그리고 그것을 달성하기 위해서 어떤 목표를 세우고 어떻게 노력해야 하는지를 잘 헤아리고, 한평생 실행에 옮길 수 있는 능력이다.

그래서 자기성찰지능은 다른 지능들과는 독립된 별개의 지능이면서도 그 역할은 타 지능과는 사뭇 다르다는 사실에 특별히 유의해야 한다. 독립적인 지능인 동시에 다른 지능들을 뒷받침해서 다른 지능들이 최대한 발현될 수 있는 토대 역할을 하는 특별한 지능이라는 것이다.

그래서 이 지능은 총 8개의 다중지능 중에서 가장 중요한 역할을 하는 지능이라 보아야 한다. 예를 들어, 음악지능만 뛰어나서는 절대로 훌륭한 음악가가 될 수 없고, 신체운동지능만으로는 결코 운동선수로서 좋은 성과를 기약할 수 없다. 자기성찰지능의 도움이 없으면 그 지능들이 최대한 발현되기 어렵기 때문이다. 따라서 이 지능은 후천적인 노력을 통해서라도 인위적인 향상을 도모할 필요가 있는, 아주 기본적인 지능이라 할 수 있다.

버지니아 울프 : 언어지능 + 자기성찰지능

빌 게이츠 : 논리수학지능 + 자기성찰지능

백범 김구 : 신체운동지능 + 인간친화지능 + 자기성찰지능

퀴리 부인 : 논리수학지능 + 자연친화지능 + 자기성찰지능

이처럼, 자기성찰지능은 단독으로 발현하기보다는 다른 지능과 함께 작용해서 다른 지능을 돕는 역할을 맡고 있음을 알 수 있다. 이 지능을 직접 활용하면 종교 지도자나 철학자가 될 수 있겠지만, 대부분의 경우에는 다른 지능 발현의 토대 역할을 한다.

따라서 이 지능이 부족하면 다른 지능이 아무리 뛰어나도 자기 분야에

서 뚜렷한 성과를 내기 어렵다고 보는 것이다.

시대를 앞서가는 선구자나 개척자들은 대체로 자기성찰지능이 높았다. 백범 김구 선생과 장준하 선생이 그랬고, 미국의 마틴 루터 킹 목사와 필리핀의 아키노 상원의원이 그랬으며, 남아공의 넬슨 만델라와 남미의 전설, 체 게바라가 그랬다. 물론 슈바이처 박사도 그랬다.

민족의 스승, 백범 김구 선생은 평생 단 한번의 흔들림 없이 조국의 광복을 위해 헌신했다. 장준하 선생은 젊은 시절에 만주의 일본군 부대를 탈출하여 장장 6천리 중국 대륙을 걸어 중경 임시정부를 찾아가서 항일 무장투쟁에 동참했고, 광복 이후 군사독재 시절엔 이 땅의 민주화를 위해 기꺼이 한 몸을 던졌다.

"나에게는 꿈이 있습니다"라는 명연설로 전 세계인의 가슴을 뒤흔든 킹 목사는 평생을 흑인인권운동을 위해 바쳤다. 체 게바라는 낡은 이데올로기의 추종자라는 한계는 있지만, 개인의 행복과 안락이 보장된 의사라는 자리를 박차고 일어나 남아메리카의 불우하고 소외된 이들을 위해 생명을 바쳤다.

슈바이처 박사는 풍요로움 속에서 살다가 서른 살 무렵에 홀연히 유럽을 떠나 빈곤과 고통의 땅, 아프리카로 향한다. 그런 극적인 전환의 이유는 누구든 당연히 여길법한 개인적 안락과 행복을 그는 결코 당연하게 여길 수 없었기 때문이라고 한다.

필리핀 민주화의 상징이었던 아키노 상원의원은 또 어땠는가? 마르코스의 장기 독재에 항거하던 그는 목숨이 위태로운 걸 뻔히 알면서도 조국의 민주화를 위해 귀국을 단행하여, 결국 마닐라 공항에서 비열한 독재정권의 총탄에 목숨을 잃었다.

자신의 신념을 지키기 위해 목숨을 버린다는 것은 참으로 어렵고 위대한 일이다. 그는 자신이 무엇을 원하는지, 자신의 인생에서 무엇이 중요한지를 정확히 알고 실천할 수 있었다. 이런 능력은 우리가 언제 어디서 어떤 일을 하든 참으로 중요하다.

이처럼 자기성찰지능이 높은 사람은 자기 내면의 소리에 민감하고 충실하다. 그렇기 때문에 자신의 신념과 사상을 실천하기 위해서 현실과 타협하지 않고 줄기차게 노력할 수 있다. 그래서 세상 사람들의 마음을 뒤흔들고 큰 영향을 미칠 수 있다.

그들의 삶은 안도현의 시집 이름처럼 '외롭고 높고 쓸쓸한' 삶이다. 당대에는 그들을 알아주는 이가 없기에 외롭고 쓸쓸하다. 아니 알아주는 건 둘째 치고 온갖 질시와 박해, 고통을 받는 힘겹고 고달픈 삶이다.

자연주의 교육과 아동중심주의 교육을 주장했다가 당대 사회로부터 모진 핍박을 받고서 외딴 곳에서 쓸쓸한 최후를 맞은 루소도 좋은 예가 된다. 하지만 그의 교육적 이상은 전세계 교육의 물줄기를 크게 돌려놓는 막중한 역할을 했다. 개인적 삶은 한없이 외롭고 쓸쓸했지만, 고난의 생애가 남긴 흔적은 더없이 높고 향기로웠던 것이다.

이처럼 자기성찰지능이 높은 사람은 모두 자신의 길을 용기 있게 헤쳐 나간 사람들이다. 그들이 처음 걸어간 발자국은 나중에 많은 사람들이 걸어가는 길이 된다. 그래서 인류의 역사와 문화, 학문과 예술도 발전할 수 있는 것이다.

인간친화지능은
대인관계를 끌고 가는 마법이다

인간친화지능은 대인관계지능으로도 불린다. 그런데 '대인관계지능' 하면 효용성을 강조하는 느낌이 강하다. 그래서 인간관계를 다른 목적의 달성을 위한 기술이나 수단으로 보는 듯하다. 그에 비해 인간친화지능이란 명칭 속에는 대인관계의 기술(Skill)에서 한 걸음 더 나아가 타인에 대한 공감과 애정, 배려 등의 정서적 유대까지 포함하고 있다.

대부분의 다중지능들이 그렇듯이 인간친화지능도 특정 전공이나 직업 분야에 적용될 수 있는 지능이나. 세일즈맨이나 교사, 간호사 등 인간을 대상으로 하는 서비스 분야에 종사하는 사람에게 필요한 특수 지능이다.

그런데 이 지능은 특수 지능이면서도 기본 지능이기도 하다. 인간이 집단이나 사회의 구성원으로서 타인과 원만한 유대관계를 이루며 행복하게 살아가기 위해서 반드시 갖춰야 할 기본적인 능력인 것이다. 인간친화지능이 특수 지능으로 작용한 좋은 사례 하나를 들어 보겠다.

히딩크 리더십의 핵심, 인간친화지능

2002년 한일 월드컵에서 우리나라를 세계 4강에 올려 놓고, 2006년 독일 월드컵에서는 호주 대표팀을 맡아 사상 처음으로 월드컵 16강에 진출케 한 히딩크 감독. 그는 2008년 여름, 러시아 대표팀을 이끌고 '유로 2008' 본선에 참가하고 있었다.

러시아가 조별 리그 첫 경기에서 스페인에게 1 : 4로 대패했을 땐 모든 게 끝나는 줄 알았다. 그러나 그 다음 경기에서 러시아는 전 대회 우승국인 그리스를 이긴다.

그때만 해도 그냥 스쳐가는 미풍인 줄 알았다. 그러나 연이어 북유럽의 강호, 스웨덴을 꺾고 8강에 오르자 미풍은 돌풍이 되었고, 8강전에서 우승 후보 네덜란드마저 격파하고 4강에 오르자 돌풍은 드디어 태풍이 되었다.

2002년 6월, 세계 축구의 영원한 변방이었던 우리나라를 월드컵 4강 무대에 올린 히딩크 마법이 이번에는 유럽 축구의 영원한 변방이었던 러시아를 유로 4강에 올려놓아서 전 세계 축구팬을 흥분시킨 것이다.

다 중 지 능 혁 명

몇 년마다 주기적으로 전 세계 축구팬을 깜짝 놀라게 하는 히딩크 감독은 과연 어떤 재능을 지녔을까? 다중지능에 입각해 볼 때 히딩크 마법, 히딩크 리더십의 핵심에는 인간친화지능이 자리한다.

그는 심리전문가 뺨치는 능력을 갖고 있다. 선수 개개인의 성격과 심리를 꼼꼼히 살펴서 그들이 그라운드에서 자기 기량을 최고조로 발휘하도록 하는 탁월한 능력을 지니고 있는 것이다.

2002년 월드컵 때로 되돌아 가 보자. 당시 우리팀 공격의 핵인 설기현, 이천수 선수를 대하는 히딩크 감독의 방식은 사뭇 달랐다고 한다. 설기현 선수에게는 매일 경기 전에 거울을 보며 '나는 잘 생겼다, 나는 최고의 선수다'를 세 번 외치게 했고, 이천수 선수에 대해서는 그가 골을 넣어도 코칭스태프들은 눈도 마주치지 않도록 지시했다고 한다. 설기현 선수는 너무 신중한 성격이었고 이천수 선수는 자신감이 너무 흘러 넘쳤기에 이들을 대하는 전략이 정반대로 달랐던 것이다. 결국 그들은 그라운드에서 자신의 역량을 100% 발휘할 수 있었다.

히딩크 감독은 러시아가 유로 2008 예선에서 스페인에게 졌을 때도 선수들에게 희망과 자신감을 불어넣었다. 동네축구 같다고 호되게 나무라면서도 "러시아 선수는 젊다. 남들이 3년에 배울 것을 3일 만에 배울 수 있다"고 칭찬을 했다. 실패를 경험 삼아 다시 일어설 수 있는 희망과 용기를 젊은 선수들의 가슴 속에 불어넣은 것이다. 잘하면 제 탓, 잘못하면 선수 탓만 해대던 다른 감독들과는 차원이 다르지 않은가. 러시아팀의 한 선수의 말엔 감독이 선수를 어떻게 변화시켰는지 잘 드러나 있다.

"예전엔 경기장에 설 때마다 마치 벼랑 끝에 선 것 같은 중압감을 느꼈다. 하지만 지금은 다르다. 내 능력을 믿고 나의 게임을 한다. 감독님이 분위기를 완전히 바꿔놓았다."

감독은 선수들을 잘 가르쳐야 할 뿐만 아니라 그들에게 에너지를 불어넣을 줄도 알아야 한다. 히딩크 감독은 기회 있을 때마다 '러시아 선수들은 야망이 있고 능력이 있다'면서 그들에게 에너지를 불어넣었고, 그들이 그런 감독에게 값진 승리로 화답한 것이다. 이처럼 히딩크 감독은 동기 유발의 귀재다. 선수들의 정신적 힘을 최고조로 끌어올려서 그라운드에 내보내는 독특한 능력을 지닌 것이다.

히딩크 마법은 '막연한 신화'가 아니라 충분한 근거가 있는 '엄연한 현실'이라고 나는 생각한다. 그의 마법의 핵심은 선수 개인의 동기와 욕구, 심리와 성격 같은 내면적인 세계를 정확히 읽고 이를 바탕으로 최대한의 동기 유발을 통해 경기력을 극대화시키는 능력이다. 인간친화지능이 부족한 사람에겐 절대로 있을 수 없는 일이다.

다 중 지 능 혁 명

실존지능,
아이 내면의 힘을 키운다

 삶은 무엇이며 죽음은 무엇인가, 우리는 어디서 와서 어디로 가는가, 너는 누구이고 나는 누구인가, 너와 나의 만남은 무엇인가, 신은 존재하는가, 우주란 무엇인가?

 이런 질문들은 인간이 살아가는 데 아주 기본적인 물음이지만, 바쁜 일상 때문에 그냥 넘겨 버리는 경우가 많다. 하지만 구름이 하늘을 가린다고 하늘이 없는 게 아니듯, 이런 근원적인 의문들은 우리가 모른 척한다고 해서 없어지는 것이 아니다.

 생사, 존재, 만남, 우주와 같은 실존적인 문제는 하늘과 땅 사이에 살아가는 한 생명체로서 가장 근본적인 것이다. 이것이 어느 정도 해결되어야만 지상의 모든 삶이 의미를 가질 수 있기 때문이다.

    1) 나는 누구인가? (어디서 와서 어디로 가는가?)

    2) 나는 무엇을 해야 하는가? (어떻게 살아야 하는가?)

  1번이 생명의 문제라면 2번은 생활의 문제다. 그런데 생명의 문제가 해결되어야만 생활의 문제가 의미를 가질 수 있다. 그래서 2번보다는 1번이 더욱 근본적인 물음이라 볼 수 있다.

주연만큼이나 중요한 조연

  가드너는 실존적인 능력은 언어능력처럼 인간 종족만의 특질이고, 인간을 다른 종과 구별하게 하는 능력으로 보았다. 맞는 말이다. 인간만이 삶과 죽음의 문제를 생각하고, 우주의 신비에 대해 경탄한다.

  그래서 자신이 언젠가는 이 지상에서 사라져야 하는 존재임을 각성하면서도 밤하늘의 달과 별을 보며 무한한 동경을 느끼기도 한다. 이런 것들은 우리 삶에서 아주 중요하다.

  그런데 가드너는 실존지능을 아직 온전한 지능으로 인정하지 않고 있다. 지능이 되기 위해서는 두뇌의 어느 부분이 그 지능을 담당하는지 확인이 되어야 하는데, 그것이 아직 명확하지 않아서 $\frac{1}{2}$ 지능이라는 꼬리표를 달고 있는 것이다.

82
                                                다 중 지 능 혁 명

그런데 이 지능은 후보 지능이라는 불명예스러운 딱지가 붙어 있지만, 그 역할은 다른 어떤 지능보다 더 중요하다고 본다. 우리는 모두 하늘과 땅 사이에 존재하는 생명체이어서 생명·존재·만남·우주 등의 문제가 어떻게든 해결되어야만 이 지상에서의 모든 생활, 모든 추구와 노력이 의미와 근거를 가질 수 있기 때문이다.

그래서 실존지능의 신분은 후보 지능이지만 역할은 주전을 능가하는 지능으로 보아야 한다고 생각한다. 가드너 역시 2008년 11월 조선일보와의 인터뷰에서 "리더는 실존적 지능이 높아야 한다. 그래야만 '우리가 누구이고 어떤 일을 해야 하는지'와 같은 큰 질문에 답할 수 있다"고 말한 적이 있다.

이 지능은 철학자나 종교지도자에게서 주로 나타나는 능력이다. 그럼 누구는 철학자가 되고 누구는 종교인이 되는가? 이는 실존지능이 개인의 다른 어떤 지능이나 특성, 환경 요인과 연결되는가에 달려 있다.

실존지능이 자기성찰지능과 조합을 이루면 성철스님 같은 훌륭한 수도승이 되기도 하고, 논리수학지능과 짝을 이루면 칼 세이건(K. Cagan) 같은 유명한 행성연구가도 될 수 있다.

그럼 실존지능이 언어지능과 만나면 어떻게 될까? 존재와 만남의 문제를 문학적으로 풀어보는 명작이 나올 수 있다. 김춘수 시인의 '꽃'이 그 예다.

내가 그의 이름을 불러주기 전에는

그는 다만

하나의 몸짓에 지나지 않았다.

　온 국민이 애송하는 이 시는 인간의 존재와 만남이라는 실존의 문제를 문학적으로 정말 탁월하게 표현한 명시라고 생각한다. 인간의 만남을 통해 존재의 문제를 다루려는 것이다.

　그렇다, 존재의 문제는 만남의 문제로 이어질 수밖에 없다. 너는 누구이고 나는 누구인가 하는 '존재'의 문제는 결국 너에게 나는 누구이고 나에게 너는 누구인가 하는 '관계'의 문제로 전개되기 때문이다. 아니, 너와 나라고 하는 것은 애초 '존재'가 아니라 '관계'일 수도 있다. 너가 없으면 내가 없고, 내가 없으면 너가 없고, 너와 내가 없으면 우리가 없는 까닭이다.

　김춘수의 '꽃'이 문학적 관점에서 인간의 존재와 만남의 문제를 다룬 명시라면, 만남의 철학자 마르틴 부버(M. Buber)의 〈나와 너〉는 철학적 관점에서 이 문제를 다룬 명저다.

　부버는 인간 관계를 '나-너의 관계'와 '나-그것의 관계' 등 두 가지로 나눈다. 나와 너의 관계가 진정한 인간적 만남의 관계라면, 나와 그것의 관계는 그냥 강변에 이리저리 놓인 조약돌이나 모래알처럼 스쳐가는 만남에 지나지 않는다.

　언어지능이 뛰어난 김춘수 시인과 논리지능이 뛰어난 철학자 부버는 모두 실존지능이 높아서, 존재와 만남이라는 인간에게 아주 중요한 문제를 다뤘다는 점에서 공통적이다. 부버가 말한 나-너의 관계는 김춘수의

　다 중 지 능 혁 명

'꽃'에서 '잊혀지지 않은 눈짓'이고, 나-그것의 관계는 '무의미한 몸짓'에 해당한다고 볼 수 있기 때문이다.

어디서 무엇이 되어 다시 만나랴

실존의 문제를 회화 분야에서 멋지게 다룬 이도 있다. 바로 김환기 화백이다. 그의 '어디서 무엇이 되어 다시 만나랴'는 그림(회화) 분야에서 인간의 존재와 만남을 다룬 명화다.

그런데 이 그림의 제목, '어디서 무엇이 되어 다시 만나랴'는 김광섭의 명시 '저녁에'의 한 구절임은 널리 알려진 사실이다.

이처럼 인간의 존재와 만남이라는 하나의 주제는 문학 · 음악 · 철학 · 연극 · 회화 등 실로 다양한 분야에서 다루어졌는데, 이것은 인간 재능의 다양성을 나타내는 좋은 사례가 된다.

하나의 주제가 언어 · 공간 · 음악 · 논리 등 다양한 지능 영역에서 '보편적으로' 다뤄진 것이다. 이처럼 동일한 주제가 명시 · 명화 · 명저 · 명곡 중에서 어떤 형식으로 나타나는가는, 한 개인의 정신세계가 말과 글, 리듬과 멜로디, 표정과 동작, 도형과 그림 등 여러 지능에 내재된 다양한 상징체계들 중에서 어느 것으로 나타나는가에 달려 있다.

이것이 바로 다중지능이 보여 주는 다름의 미학이고, 인간 재능의 다양한 스펙트럼이다. 물론 다중지능만이 지니고 있는 매력이고 장점이기도 하다.

3

다중지능의

8개의 다중지능은 모두 독립적인 별개의 능력이지만,

다양한 조합에

어떤 지능끼리 조합을 이루느냐에 따라 재능이 달라지고

주목하라

선택하는 전공이나 직업 분야도 달라질 수 있다.

지능의 조합,
학문의 융합에 해답이 있다

　다중지능의 중요한 특징 중 하나는 8개 지능들 간의 다양한 조합이 가능하다는 것이다. 이러한 지능 조합에 따라 각 개인의 재능이 달라지고, 선택되는 전공이나 직업도 달라진다.

　그런데 이러한 조합은 현재 융합 학문으로 변모되고 있는 시대적 추세에도 적절히 대응할 수 있다는 장점이 있다. 그러니 이제는 자녀의 재능을 탐색할 때 하나가 아니라 둘 이상의 강점 지능에 초점을 맞춰야 한다.

　한 사람의 재능은 8개 지능들 사이의 다양한 조합에 의해 결정된다. 조합을 구성하는 지능은 하나일 수도 있고, 두 개, 세 개, 또는 그 이상일 수도 있다. 수학에서 $_8C_2$, $_8C_3$ 등을 계산하면 상당히 큰 수가 되듯이 다중지능의 조합은 무수히 많고, 바로 이것이 재능의 다양성, 성취의 다양성으로 나타난다.

8개의 다중지능은 모두 독립적인 별개의 능력이지만, 한 개인의 삶에서는 몇 개의 지능끼리 한데 어울려 작동한다. 어떤 지능이 조합을 이루느냐에 따라 재능이 달라지고 선택하는 전공이나 직업 분야도 달라질 수 있다.

최근 국내의 대표적인 과학자와 수학자 31명을 조사한 서울대학교의 한 연구를 보면, 그들은 공통적으로 어릴 때부터 예술·문학적 관심이 대단히 높은 것으로 나타났다. 예술적이고 문학적인 재능이 과학을 연구하는 데 필수적인 능력은 아니라고 생각할 수도 있겠지만 그렇지 않다. 많은 재능들이 한데 어울려야만 더 나은 성과를 거둘 수 있는 것이다.

그런데 꼭 이렇게 특출한 인물만이 아니다. 공간지능과 인간친화지능이 뛰어나면 유능한 부동산 중개사도 될 수 있다. 다중지능의 기본 목표는 소수의 위인이나 천재를 만드는 것이 아니다. 모든 사람들이 각자 고유한 자신의 잠재 능력을 최대한 실현하여 행복한 인생을 살아가도록 하는 것이다.

지능 하나만으로는 뛰어난 성취를 보이지 못하고 여럿이 모였을 때 상승작용을 통해 더 큰 성취가 가능하다. 세상일이란 그리 간단한 것이 아니어서 하나의 지능만으로 훌륭히 수행해낼 수 없는 분야가 많다. 그래서 다른 지능이론에서는 찾을 수 없는 '지능들의 다양한 조합'을 다중지능만의 장점으로 꼽는 것이다.

이런 지능의 조합을 잘 이해하고 활용한다면 개인들은 더욱 유능해질 것이고 자존감도 높아질 것이다. 또한 그런 개인들이 모인 우리 사회는 더 나은 공동체가 될 것이다.

현대는 융합 학문의 시대다. 20세기만 해도 학문의 경계가 뚜렷해서 분과 학문이 힘을 얻던 시대였지만, 21세기는 몇몇 인접 학문이 결합된 융합 학문이 주도하는 시대다.

이러한 융합 학문의 예는 지금도 많고, 앞으로도 계속 늘어날 것이다. 의공학, 사회약학, 금융공학 등은 우리에게 이미 친숙한 융합학문 분야다. 의공학은 공학 기술을 의료 분야에 접목한 것이고, 금융공학은 공학 기술을 금융 분야에 적용한 것이다.

사회약학은 약학의 하위 영역인데, 약대가 6년제로 개편되면서 새롭게 주목받는 분야다. 물론 블루오션이 될지 레드오션이 될지는 미지수이지만 말이다.

사회약학이란 의약품의 개발 · 생산 · 투약 과정에서 나타나는 제반 사회현상을 사회과학적인 이론과 방법을 통해 연구하는 학문이다. 일반 약학이 미시적 관점의 자연과학적인 성격을 띤다면 사회약학은 거시적 관점에서 개인 · 사회 · 국가, 나아가서는 세계 전체를 아우르는 사회과학적 성격이 강하다고 볼 수 있다

시스템 생물학과 의공학은 최근 주목받고 있는 융합 학문이다. 시스템 생물학은 2004년 하버드 의대에 신설된 과목으로서 수학 · 화학 · 물리학 · 컴퓨터과학 · 공학을 아우르는 융합 학문이다. 의공학은 정보전자공

학·생명공학·의학이 융합된 새로운 학문인데, 최근 의대 교수를 하다가 서울공대 교수로 자리를 옮겨 화제의 주인공이 된 서종모 동국대 의대 교수의 전공 분야이기도 하다.

공학도가 의대 교수가 된 사례는 국내에 이미 있다. 서울공대 전기공학과 출신으로 서울의대에서 의공학을 전공하고 지금은 고려대 의대 교수인 이상훈 교수가 그 주인공인데, 서종모 교수의 경우는 거꾸로 의학에서 공학으로 옮긴 사례다.

이처럼 전통적인 분과 학문의 경계는 무너지고 있고, 융합 학문이 그 틈새를 빠르게 파고 들고 있다. 따라서 지능의 조합을 활용하는 것은 학문의 융합이라는 새로운 시대적 추세에 효과적으로 대응할 수 있는 열쇠가 되어줄 것이다.

다양한 지능들이 어우러진
아름다운 오케스트라

오케스트라에서는 다양한 음색을 지닌 악기들이 한데 모여 아름다운 하모니를 연출한다. 다중지능도 마찬가지다. 다양한 악기 대신 여러 지능들이 한데 어울려 조화로운 협화음을 이룬다.

오케스트라에서는 어떤 악기들이 모이느냐에 따라 하모니의 종류가 달라지고 청중들의 반응도 달라진다. 마찬가지로 '다중지능 오케스트라'에선 어떤 지능들이 모이느냐에 따라 다른 성취가 나타나고, 세상이라는 무대의 관객들은 다양한 반응을 보인다.

그런데 단 하나의 지능으로 할 수 있는 일은 별로 없고, 대체로 두세 개의 지능이 조합을 이뤄야 할 수 있는 일들이 많다. 이제 여러 지능들이 한

데 어울려 이루는 아름다운 오케스트라에 귀를 한 번 기울여보자.

박지성, 다재다능한 산소탱크
(공간 + 신체운동 + 자기성찰지능)

축구 전문가에 따르면 축구 선수의 능력은 골감각, 스피드, 움직임, 패스, 공간 활용 등 다섯 가지로 평가할 수 있다고 한다. 그런데 이 다섯 가지는 신체운동지능과 공간지능의 긴밀한 협력으로 볼 수 있다.

맨체스터 유나이티드의 산소탱크로 불리는 박지성 선수의 공간지각 능력과 공간활용 능력은 타의 추종을 불허할 정도인데 이는 퍼거슨 감독도 인정하는 사실이다. 아니 굳이 감독이 아니라도 그가 뛰는 장면을 눈여겨본 축구팬이라면 누구나 쉽게 알아차릴 수 있는 사실이다.

박 선수는 경기장의 좌우측과 전후방을 가리지 않기로 유명하다. 최전방에서 골문을 향해 질주하는가 싶으면 어느새 최후방까지 내려와 상대편 선수의 공을 빼앗으려고 달려들고, 왼쪽에 있는가 하면 어느새 오른쪽을 파고들고 있다. 포지션과 관계없이 공이 있는 곳이면 어디든 그가 있다고 보면 된다.

그러니 '이곳저곳 어느 곳에나(Here, There and Everywhere)' 있는 선수라는 평이 나올 만하지 않는가. 활발한 공간 패스와 침투는 그 특유의 공간에 대한 지각·활용 능력, 즉 공간지능을 바탕으로 한 것이다.

그런데 신체운동지능과 공간지능은 웬만한 축구선수는 모두 어느 정도 갖추고 있다고 보아야 한다. 결론은, 두 지능만으로는 부족하다는 말이다.

박지성 선수의 경우 다른 선수들보다 강한 또 하나의 지능이 있었으니, 바로 자기성찰지능이다. 그는 어릴 때부터 자신의 진정한 꿈이 무엇이고 그것을 이루기 위해선 무엇을 해야 하는지 명확하게 인식하고 실천했다.

그는 어린 시절부터 항상 자신의 수준보다 더 앞선 축구클럽에서 뛰려고 했고, 끊임없이 높은 목표를 향해 도전했다. 자신의 동기를 명확히 인식하고 뚜렷한 목표를 설정하여 흔들림 없이 실천하는 내공이 남달랐던 것이다.

널리 알려진 대로 그는 축구선수로선 치명적이라 할 수 있는 평발을 가지고 있다. 게다가 체구 또한 그리 적합한 상태가 아니다. 그러나 그는 이러한 자신의 장단점을 정확히 인식하고 이를 보완하는 방법을 알고 실천했다. 타고난 부지런함과 체력 단련으로 자신의 신체적 약점을 메운 것이다. 그가 일본과 네덜란드, 영국의 리그에 진출해서 얼마나 노력했는지 알면 절로 고개가 수그러지고 끄덕여진다. 아니 땐 굴뚝에 연기가 날 리 없는 법이다.

그런데, 그가 작은 키와 왜소한 체격이라는 동양 선수 특유의 핸디캡을 극복하고 프리미어 리거로서 승승장구하는 데는 보조 지능의 역할도 컸다고 보아야 한다. 그는 크게 뛰어나지는 않지만 언어지능도 어느 정도 갖췄다. 일본과 네덜란드를 거쳐 영국에 진출한 그는 외국 리그를 전전하는 동안 언어적인 능력을 십분 발휘하여 외국 생활의 적응력을 높일 수 있었다. 그의 언어능력이 강점 지능의 발현을 돕는 보조 지능으로서 역할을 잘 수행한 덕택이기도 하다.

다빈치, 역사상 최고의 멀티 지능
(음악 + 논리수학 + 공간 + 자연친화지능)

르네상스 시대의 위대한 인물, 레오나르도 다빈치는 화가이면서도 음악과 과학 등 다방면에 걸쳐 재능이 뛰어났던 사람이다. 그의 다양한 능력과 다채로운 성취는 화가, 조각가, 건축가, 식물학자, 과학자, 발명가 등 어떤 명칭으로도 부족하다. 차라리 그가 재능이 없었거나 성과를 내지 못했던 분야를 찾는 것이 더 나을 정도다.

다방면에 걸친 탐구와 그 결실인 위대한 업적은 르네상스 시대가 추구하던 전인(全人)의 전형이다. 그런데 그가 르네상스 시대를 대표하는 천재적인 미술가 · 과학자 · 기술자 · 사상가로서 여러 분야에서 불후의 업적을 남긴 데는 다양한 지능들의 조합이 토대가 되었다고 보아야 한다.

다빈치의 최고 명작은 '최후의 만찬'이다. 이 작품에 스며 있는 다빈치의 다양한 재능을 알면 감탄을 금치 못한다. 그 재능은 바로 인간친화지능과 공간지능, 그리고 음악지능이다.

먼저 인간친화지능 쪽을 보자. 그 작품은 이탈리아 어느 수도원의 식당 벽면에 그려진 벽화다. 예수가 제자들이 모인 가운데 그들 중 한 명이 자신을 배반할 것이라 말한 다음 성체성사를 했던 이야기를 그린 것이다.

이 그림에서 다빈치는 깜짝 놀라는 제자들의 반응과 표정을 아주 생생하게 묘사하고 있다. 그래서 그림을 보는 사람은 누구나 마치 자신이 예수가 희생되기 전날 저녁에 그 장소에 함께 있었던 것 같은 착각을 일으키게 할 정도다.

이는 그가 등장인물의 감정과 의도를 정확하게 파악했기에 가능했던 일이다. 타인의 감정과 의도를 파악하고 표정과 행동을 통해 표현하는 데는 인간친화지능이 필요하다.

다음으로 '최후의 만찬'에 스며 있는 공간적 재능을 보자. 그 그림은 그림 자체의 공간 구성은 말할 것도 없고, 그림을 걸어둔 장소의 적절한 공간배치로도 유명하다.

먼저 그림 자체의 공간 구성을 보면, 다빈치는 마치 연극 무대 위에 배우들을 배치하듯이 만찬장의 열두 제자들을 배치했다. 12명의 제자를 3명씩 한 그룹으로 묶어 배치했고, 각 그룹들을 한 제자의 팔이나 동작을 써서 연결했다.

다빈치의 공간지능은 그 그림을 걸어둔 장소와의 조화에서 더욱 빛난다. 식당이라는 실제 공간과 그림이라는 가상 공간이 서로 이어지게 만들어서 공간이 확장되는 느낌이 나도록 했다. 이처럼 식당의 건물 구조와 그림 속의 건물 구조가 일치하다보니, 그 수도원 식당에서 식사를 하면서 그림을 보는 사람은 마치 자신이 그 날 그 자리에서 예수와 열두 제자들과 함께 식사를 하는 듯한 착각에 빠진다.

마지막으로, '최후의 만찬'이 음악지능과 연결되는 부분을 보자. 이탈리아의 한 음악가이자 컴퓨터 전문가는 그림에 나오는 예수의 손과 제자들의 얼굴, 그리고 식탁 위의 빵을 하나의 음표로 보고 연결하면 40초짜리 찬송가가 된다고 주장했다.

사실인지 아닌지는 다빈치에게 직접 물어보아야 알겠지만, 또 하나의 다빈치 코드가 세상 사람들의 호기심을 잔뜩 발동시키고 있는 것이다. 만약 그게 사실이라면, 그림을 그린 다빈치나 수백 년이 흐른 다음에 그것을 알아본 사람이나 모두 공간지능과 음악지능의 조합이 완벽한 사람임은 틀림없는 사실이다.

소로우, 월든 호숫가의 젊은 개척자
(언어 + 음악 + 공간 + 신체운동 + 자기성찰 + 자연친화지능)

헨리 데이빗 소로우는 다빈치 못지않은 멀티 지능의 소유자라고 나는 생각한다. 그는 언어·음악·공간·신체운동·자기성찰·자연친화지능 등 무려 여섯 가지의 강점 지능을 갖고 있었고, 이런 지능들이 비빔밥처럼 한데 어울려, 길이 세인들이 찬탄을 금치 못할 만큼 맑고 아름답고 눈부신 삶의 물결을 엮어내게 된다.

그는 하버드대학을 졸업한 다음 아무도 예상치 못한 일을 한다. 1845년 속세를 떠나 월든 호숫가로 들어가서 혼자 오두막을 짓고 2년 동안 생활한 것이다. 그의 나이 28세, 꽃다운 시절이었다.

그는 당시의 생활 경험을 바탕으로 일기를 쓰고 〈월든〉이라는 제목의 책으로 펴냈는데, 그 책들은 미국 문학의 고전이 된 것은 물론, 현대 환경 운동의 바이블이 되고 있다. 19세기를 살았던 그의 삶의 기록 속에 21세기가 나아갈 비전이 담겨 있는 것이다.

명문 하버드대학까지 졸업한 그가 왜 그렇게 젊은 나이에 모든 것을 버리고 아무도 없는 숲속으로 들어간 것일까? 그가 평생을 두고 추구한 삶은 단순한 삶, 개인적으로 독립적인 삶, 자연과 친숙한 삶으로 요약될 수 있다. 여기서 단순하고 개인적으로 독립된 삶의 추구는 자기성찰지능의 발현이고, 자연과 친숙한 삶의 지향은 자연친화지능의 발현이라고 볼 수 있겠다.

소로우는 아주 어린 시절부터 월든 호숫가에서 살고 싶다는 생각을 했고, 하버드를 졸업한 직후 마침내 행동에 나선다. 자신이 진정 무엇을 원하는지 정확히 인식하고 이를 행동에 옮긴 것이다. 그는 자신 이외의 그 누구에게도, 그 무엇에게도 마음을 빼앗기지 않고 오직 자기 내면의 소리에 충실했던 것이다.

내가 숲 속으로 들어간 것은 인생을 내 의도대로 살아 보기 위해서였다. 다시 말해 인생의 본질적인 측면들만 직면해 보려는 것이었으며, 인생이 가르치는 바를 내가 배울 수 있는지 알아보고자 했던 것이다. 그리하여 마침내 죽음을 맞이했을 때 내가 헛된 삶을 살았구나, 하고 깨닫는 일이 없도록 하기 위해서였다. 나는 삶이 아닌 것은 살지 않으려 했으니, 삶은 그처럼 소중한 것이다. (《헨리 데이빗 소로우》, 윤규상 역, 양문, 82쪽)

그는 염세주의자도 아니고 은둔자도 아니었다. 오직 자신이 꿈꾸던 생활이 가능한지 실제 생활을 통해 가늠해 본 것이니, 새로운 삶을 위한 하나의 실험이었던 것이다.

그 실험의 주제는 '단순하고 지혜롭게 산다면 자립할 수 있는가'였다. 그 결과 소로우는 두 발로 굳게 땅을 딛고 서 있을 수 있었고 자신의 인생이 장차 무엇을 지향해야 하는지 확신할 수 있었다. 그는 자신의 내적 요구를 정확히 인식하고 명확한 인생 목표를 세워 평생 동안 이를 실천했다.

소로우는 우리들 각자가 자기만의 자연스러운 기질적 성향에 따라 고유의 독특함을 드러내는 것이 무엇보다 중요하다고 생각했고, 자기만의 생활방식으로 살아가야 한다고 말했다. 호숫가에 오두막을 지을 때 직접 나무를 베어 목재로 사용했고, 가구도 일부는 자신이 직접 제작했다고 한다. 그는 걷고 뛰고 배를 젓고 수영하고 배를 젓는 데 능숙했고, 거리와 높이, 무게도 정확히 잴 수 있었다.

월든 호숫가를 나온 이후에도 많은 지역을 여행하면서 자연을 관찰했다. 이러한 방랑자 같은 탐험 생활에서 그의 공간지능과 신체운동지능은 큰 힘이 되었을 것이다.

그는 지도와 나침반만 있으면 어떤 산속에서도 길을 찾을 수 있는 공간능력을 갖고 있었고, 높고 가파른 지역이라도 숨을 헐떡이지 않고 대번에 뛰어올라갈 수 있는 강인한 체력과 어지간한 장애물은 쉽게 뛰어넘을 수 있는 운동 감각을 지니고 있었다고 한다. 웬만한 공간적 능력과 신체운동적 능력으로는 어림도 없는 일이다.

그런데 이러한 삶의 경험을 글로도 남겼으니, 그는 삶과 글이 일치를 이룬 보기 드문 사람이다. 〈월든〉과 그의 일기를 읽어 본 사람이면 누구나 알 수 있지만, 그의 문체는 일체의 미사여구나 군더더기가 없이 간결하고 명쾌하다. 글이 바로 삶이고 삶이 바로 글인 것이다. 그래서 그의 글을 읽고 있으면 마치 우리가 150년 전으로 돌아가 그 호숫가에서 살고 있는 듯한 착각마저 느끼게 한다. 그의 높은 언어능력을 짐작케 하는 대목이다.

그런데다 그는 독서량이 상당히 많아서, 고대 희랍과 로마의 고전, 동양 종교의 경전들을 자신의 책 곳곳에서 두루 인용하고 있다. 그래서 해박한 지식과 진지한 성찰, 그리고 다양한 삶의 경험이 총망라된 세계적인 명작이 탄생할 수 있었던 것이다.

게다가 그는 훌륭한 플루트 연주자였고 노래를 무척 즐겁고 활기차게 불렀다 한다. 어떤 때는 즉석에서 춤까지 추어 보는 이들을 놀라게 했다고 한다. 그가 쓴 일기나 편지에도 음악이 삶에서 큰 즐거움이었음을 밝히고 있다.

이를 볼 때 그의 음악지능도 결코 낮지 않았음을 짐작할 수 있다. 하지만 그 지능은 전공이나 직업에서 적극 활용된 지능이기보다는 그의 생활을 윤택하게 한 보조 지능의 역할을 맡았다고 보는 것이 너 적절할 것 같다. 물론 보조 지능의 역할도 아주 중요하다.

지금까지 살펴본 소로우의 재능은 다중지능의 거의 모든 영역에 걸쳐 있고, 그런 면에서 다빈치를 능가하는 진정한 멀티 지능의 소유자라는 생각도 든다. 물론 성과나 업적으로만 보면 다빈치를 능가할 수 없겠지만 말이다.

톨스토이, 행동으로 완성한 미완성 드라마
(언어 + 자기성찰지능)

세계적인 문호 톨스토이가 82세에 무단가출을 해서 시골의 어느 간이역에서 쓸쓸하게 최후를 마쳤다는 사실을 아는 이는 그리 많지 않다. 대문호로서 세계적인 명성을 얻었고, 재산도 많아서 유복하게 살던 그가 팔십 노구를 이끌고 비행청소년들에나 어울리는 무단가출을 감행한 이유는 무엇일까? 인생관과 가치관이 달라서 갈등이 심했던 아내 때문이었을까? 그건 아닌 듯하다. 그는 가출하면서 이런 말을 남겼기 때문이다.

"전체 인류에게 돌아가고 싶다. 돌아가 그들 품에 안기고 싶다."

나는 가출의 원인보다는 그 과정에 주목하고자 한다. 그의 가출은 일시적이고 즉흥적인 돌출 행동이 아니었다. 25년 동안이나 가슴에 묻어두고서 혼자 가다듬고 또 가다듬은 오랜 꿈을 죽음을 앞두고 마침내 실행한 것이다. 이처럼 평생에 걸쳐 자신이 진정으로 원하는 바를 파악하고 실천할 수 있는 것은 자기성찰지능의 작용이라고 볼 수 있다.

그런데 톨스토이는 그런 필생의 소망을 작품에도 담았는데, 바로 '그리고 어둠 속에 빛이 비친다'라는 미완성 희곡이다. 이 작품의 주인공은 가출을 앞두고 방황하는 톨스토이 자신이 투사된 인물임은 당연하다. 작품의 구상이 바로 인생 문제의 해결 방안이었던 것이다.

그런데 작품은 주인공이 가출하기 직전에 멈춘다. 인생 문제의 해결이 잠시 좌절된 것이다. 작품은 미완성이었고 인생 문제는 미해결 상태였다.

이런 상태에서 톨스토이는 82세 때 마침내 가출을 결행한다. 1910년 10월, 25년간의 노심초사를 끝낸 톨스토이는 오랜 나날 동안 지속된 삶의 질곡에서 벗어나 마음의 평화를 얻는다. 그로써 작품의 완성과 인생 문제의 해결이 한꺼번에 이루어졌다.

칼 세이건, 사려 깊고 겸허한 우주과학자
(논리수학 + 실존지능)

최근에 읽은 책 한 권은 나로 하여금 짜릿한 전율을 느끼게 했다. 미국의 저명한 행성 연구자인 칼 세이건(Carl Sagan)이 쓴 〈창백한 푸른 점(Pale Blue Dot)〉이란 책인데, 논리수학적 관점의 과학 서적이면서도 우리들이 마땅히 생각해 보아야 할 근본적인 인문학적 문제들을 제기하고 있는, 실존지능 측면에서도 탁월한 책이다.

다시 이 빛나는 점을 보라. 그것은 바로 여기, 우리 집, 우리 자신인 것이다. 우리가 사랑하는 사람, 아는 사람, 소문으로 들었던 사람, 그 모든 사람은 그 위에 있거나 또는 있었던 것이다. 우리의 기쁨과 슬픔, 수많은 종교, 이데올로기…. 서로 사랑하는 남녀, 어머니와 아버지, 성자와 죄인 등 인류의 역사에서 그 모든 것의 총합이 여기에, 이 햇빛 속에 떠도는 먼지와 같은 작은 천체에 살았던 것이다. 지구는 광대한 우주의 무대 속에서 하나의 극히 작은 무대에 지나지 않는다. 이 조그만 점의 한 구석의 지배자가 되려고 장군이나 황제들이 흐르게 했던 유혈의 강을 생각해보라.

〈창백한 푸른 점〉, 사이언스북스, 26쪽〉

이 책에서 저자는 광대한 우주에서 지구의 위치와 그 지구 위에서 살아가고 있는 인간 종족의 위치를 정확히 지적했는데, 그 핵심은 지구가 우주의 중심이 아니며 인간이 지구의 주인이 아니라는 것이다. 이처럼 우주 내의 인간 존재에 관한 탁월한 인식과 통렬한 지적에는 실존지능이 깔려있음을 알 수 있다.

중세 암흑기엔 지구가 우주의 중심이라는 천동설과, 우주는 지구를 위해, 특히 그 얇디얇은 표면에 간신히(?) 붙어 살아가고 있는 수백만 종의 생물 중 유독 인간 종족만을 위해, 창조되어 존재하는 것이라는 지극히 지구중심적이고 인간종족중심적인 패러다임이 학문과 종교와 문화 등 모든 영역을 지배했다.

그런데 이런 인간종족중심주의는 필연적으로, 자기 자신이 세상의 중심이고 유일한 기준이라는 자기중심주의로 귀결될 수밖에 없어 더욱 심

다 중 지 능 혁 명

각한 문제가 된다. 이런 말도 안 되는 중세 암흑기의 패러다임이 21세기인 지금까지도 이 땅 위에서 위력을 발휘하고 있다면, 이 아이러니를 정말 어찌해야 하는가?

지구가 우주의 중심이 아니듯이, 이 지구상의 어느 개인도, 나라도, 민족도, 종교도, 문화도 이 땅의 주인이나 중심이 될 수 없다. 세계의 중심은 남이 인정해 주는 것이지, 자신이 주장해서 되는 것은 결코 아니지 않는가. 자기 자신과 자기 나라, 자기네 종교와 문화가 이 세상의 중심이 아니라는 겸허한 인식을 할 때라야만 비로소 진정한 의미에서 세상의 중심이 될 수 있기 때문이다.

과학과 인문학을 접맥시킨 20세기 최고의 천문학자, 칼 세이건이 세계적인 베스트셀러 〈코스모스〉와 〈창백한 푸른 점〉을 통해 우리에게 전하고 싶은 메시지는 바로 이것이다. 칼 세이건은 논리수학지능과 실존지능의 연결을 통해 우주와 지구, 그리고 인간의 존재를 보는 우리의 안목을 키워주었다.

 신영복, 언어로 맑게 닦은 내면의 거울
(언어 + 자기성찰지능)

한 사람의 진면목은 언제 드러날까? 편안하고 넉넉할 때일까? 아니다, 그렇지 않다. 어렵고 힘들 때라야 그 본래 모습이 드러나게 되어있다.

〈논어〉를 보면 "세한연후지송백지후조(歲寒然後知松栢之後彫)"라는 정말 멋진 구절이 나온다.

이는 날씨가 추워져야 소나무의 늦게 시듦, 즉 푸르름을 제대로 알 수 있다는 뜻으로, 한겨울이라야 상록수의 진가를 알 수 있음을 시사한다. 나무가 이럴진대 사람도 마찬가지가 아니겠는가. 한 사람의 진가는 그가 고난이나 시련에 처했을 때 어떻게 행동하는가를 보면 금세 알 수 있다.

'한 겨울 푸르른 소나무'의 이미지에 가장 잘 어울리는 사람으로 나는 신영복 선생님을 꼽는 데 아무 주저함이 없다. 그 분은 우리 시대의 진정한 스승이라고 감히 말하고 싶다. 비록 젊은 시절, 20년을 감옥에서 보냈지만, 20대 후반에서 40대 후반에 이르는 장장 20년에 이르는 기나긴 인고의 세월 동안, 자신의 내면을 가다듬고 또 가다듬어 세상에 내놓은 보석처럼 빛나는 작품들은 읽는 이의 가슴을 아리게 하고, 영혼을 고결하게 정화시킨다.

20여 년 동안 세상 사람들이 넓고 안락한 곳에서 편안하게 잠든 사이에 그 분은 꽉 닫힌 좁은 공간에서 홀로 깨어 있었고, 그 맑고 밝은 시선으로 인생과 세상을 보는 눈을 키웠다. 몸은 갇혀 있었지만 정신은 활짝 열려 있었던 것이다.

그 분의 명작, 〈감옥으로부터의 사색〉을 한 장 한 장 읽을 때마다 그 성찰의 진지함과 엄숙함 앞에 옷깃을 여미지 않을 수 없었다. 특히 죄수들에게 하루 두 장씩 지급되는 휴지에다 깨알처럼 또박또박 쓴 글을 대하면 말문이 막혔다.

인간은 환경의 영향을 받게 마련인 존재인데, 두 달도 아니고 2년도 아닌 20년이라는 기나긴 세월 동안 갇혀 있는 상황에서 어찌 그토록 맑은 내면세계를 가다듬을 수 있었는지 도무지 이해가 가지 않았다.

그 책 서문의 헌사에도 나오지만, 그 분의 글과 작품들은 '우리들의 삶을 돌이켜보게 하는 자기성찰의 맑은 거울'이었고, 그런 거울 속에서 '사람이 그리운 시절에 그 앞에 잠시 멈출 수 있는 인간의 초상을 만난다는 것은 행복' 임을 부인할 길 없다. 자기성찰지능이 언어지능의 옷을 입으면, 이처럼 우리의 정신과 영혼을 정화시키는 명작이 나올 수 있다.

장승수, 공부가 가장 쉬웠다던 멀티 플레이어
(논리수학 + 신체운동 + 자기성찰지능)

남들이 그리도 힘들어 하는 공부가 자신에게는 가장 쉬웠다고 말해서 많은 사람들에게 충격과 감동을 동시에 주었던 장승수 변호사, 그는 정말 다양한 경력의 소유자다. 그는 고등학교를 졸업한 후 굴삭기 조수와 막노동을 하다가 서울법대에 수석 입학하여 세상 사람들을 놀라게 했고, 사법시험에 합격한 직후엔 느닷없이 프로복싱 신인왕에 도전하여 다시 한 번 화제의 주인공이 된다.

그는 과연 어떤 재능을 지녔기에 이처럼 다채롭고 감동적인 삶의 흔적을 남길 수 있었을까? 일단 그가 굴삭기 소수와 막노동, 프로복싱을 한 것으로 보면 신체운동지능이 높다고 할 수 있고, 서울법대 수석합격과 사법시험 합격으로 보면 논리수학지능도 뛰어나다고 볼 수 있겠다.

그러나 나는 그의 삶에서 가장 돋보이는 지능은 자기성찰지능이라고 생각한다. 그의 자기성찰지능은 자신이 가장 잘 할 수 있는 일이 공부임을 일찍이 깨닫게 했다.

> "그 과정을 거치면서 나는 공부가 재미있는 일이기도 하지만, 또 내가 이제껏 해본 일 중에서 가장 잘 할 수 있는 일이라는 생각을 했다."
>
> 〈공부가 가장 쉬웠어요〉, 김영사, 86쪽)

또한 그는 한 인터뷰에서, 모든 것은 자신이 선택한 것이기에 불만은 없다고 말했다. 그리고 수험생들에게 인생은 자기 몫이니 스스로에 대한 고민과 진로에 대한 고민을 많이 하라고 조언한다.

과연 어떤 일을 하는 것이 자신에게 즐거움을 주는 일인지를 고민하고 적성에 맞는 일을 하다 보면 열심히 하게 되고, 그러면 돈과 명예도 자연스레 따라온다는 것이다. 이는 그가 자신의 동기와 욕구를 정확히 파악하고 성취 목표를 분명히 세운 다음 열심히 노력해서 얻은 결과다.

4

내 아이의

강점 지능이 바로 재능이다. 재능 탐색은 전공과

강점 지능과

직업의 선택을 통해 자아실현과 삶의 행복이라는

인성을 키워라

다중지능의 최종 목표를 향하는 첫걸음이고 첫 단추이다.

내 아이의 재능을
어떻게 찾아낼 것인가

지금까지 우리는 다중지능이 무엇이고 왜 중요한지, 어떻게 작용하는지 두루 살펴보았다. 이제 중요한 문제는 과연 자녀의 재능(지능)을 실제로 어떻게 찾아낼 것인가 하는 문제다.

다중지능에서 재능과 지능은 같은 뜻이다. 그러니 자녀의 재능을 찾는다는 것은 바로 다중지능을 탐색하는 것이 되겠다. 다중지능, 또는 재능을 찾는 방법으로는 검사지를 쓰는 방법과 생활 장면에서 자연스레 관찰하는 방법 두 가지를 생각할 수 있다. 그런데 어떤 방법을 쓰든 탐색에 임하는 기본자세는 같다.

IQ, EQ, MQ, PQ, SQ 등 'Q자의 전성시대'의 밑바탕에는 인간의 모든 내적인 특성이나 능력을 손쉽게 측정할 수 있다는 오만한(?) 전제가 깔려 있다. 인간의 지능 같은 추상물도 얼마든지 검사 도구를 통해 측정해서 쉽게 수치로 산출해낼 수 있다는 환상이 자리하고 있는 것이다.

그러나 다른 모든 구성 개념들처럼 다중지능 역시 객관적으로 존재하는 실체가 아니라 인간의 두뇌가 만들어 낸 인위적 가상물에 지나지 않기 때문에 제대로 측정하기 어렵다. 그래서 다중지능이론의 주창자인 가드너 박사는 지능 측정에 있어서 좀 더 겸허한 자세를 취하기를 요구하는데, 그가 하버드대학에서 주도한 예술·창의적 능력의 발달 과정에 대한 연구, 프로젝트 제로(Project Zero)의 '제로'가 바로 이를 의미한다. 즉, 인간의 지능에 대해 기본적으로 모른다고 전제하고서 연구하자는 것이다.

IQ는 단일 영역인 논리 수학적인 능력만을 재기 때문에 측정이 비교적 용이한 반면, 다중지능은 다양한 영역을 다루므로 지필검사로 접근하기에는 다소 어려움이 따른다. 하지만 지필검사는 강점 지능과 약점 지능을 한 번에 찾을 수 있는 장점이 있다.

그런데 최근 다중지능을 손가락 지문을 통해 쉽고 편하게 잴 수 있다고 오해하는 학부모들이 적지 않은데, 이는 전혀 사실이 아니다. 지문은 신체적인(physical) 것이고 지능은 인지적인(mental) 것이다. 또한 지문은 선천적으로 결정되기 때문에 후천적인 변화가 불가능하지만 지능은 유전과 환경의 상호작용이라서 타고나는 부분이 있지만 이후의 변화도 얼마든지 가능하다는 근본적인 차이가 있다.

지필검사로 다중지능을 측정하는 것은 바람직하지 않다는 것이 가드너의 기본 입장이다. 지필검사는 언어적인 검사이고, 특정 지능에 대한 선호나 흥미를 그 지능이 발현된 결과로 혼동할 수 있다는 것이다.

가드너는 다중지능을 우리가 일상생활에서 부딪히는 문제들을 해결하는 아주 실제적인 능력이라고 본다. 그는 지필검사로 측정되는 IQ 검사나 SAT 검사를 예로 들면서, 이 검사들이 실험을 계획하고 수필을 쓰고 음악 공연을 평가하고 논쟁을 해결하는 등의 실제 생활 장면에서의 문제해결력을 측정하는 데는 한계가 있다고 말한다.

그가 지필검사 방식에 대해 그리 탐탁하게 여기지 않는 이유도 바로 이런 것이다. 그 방식으로는 실제적인 문제해결력을 측정할 수 없다는 것이다. 이를테면 공간지능을 잴 경우, 지필검사가 아니라 실제로 야외로 데리고 나가서 지도 한 장을 주고 길을 찾아가는 능력을 체크해야 한다고 그는 제안한다.

IQ는 지필검사 형태로 쉽게 측정할 수 있다. 그러나 다중지능은 그렇지 않다. 이를테면 신체운동지능과 자기성찰지능을 어떻게 지필검사로 측정할 수 있을까? 새로운 길이나 장소를 얼마나 잘 찾아가는지, 전에 들었던 선율을 얼마나 잘 기억하는지, 자기 자신을 얼마나 잘 이해하고 있는지를 어떻게 지필검사로 측정할 수 있을까? 다중지능은 IQ와 같은 양적 방식으로는 측정하기 어렵다.

봄이 되면 저절로 꽃이 피는 것처럼, 아이들이 좋아하고 잘하는 지능은 때가 되면 저절로 드러나게 마련이다. 그러니 부모가 일상생활 중에 아이들을 조금만 더 유심히 관찰하면 지능의 대략적인 추세는 파악할 수 있다.

두 번째, 다중지능 박물관에서의 탐색

가드너는 자녀의 다중지능을 탐색할 때 IQ처럼 표준화된 측정 도구보다는 여러 가지 다양한 지능 스펙트럼이 갖춰진 어린이 박물관 같은 곳에 데려가서 가만히 관찰하기를 권한다. 다양한 지능들을 자극할 수 있도록 고안된 박물관이나 스펙트럼 교실 같은 곳에 아이들을 데리고 가서 자유롭게 탐색하도록 한 다음 그들을 관찰하는 것만으로도 강점 지능과 약점 지능 정도는 쉽게 파악할 수 있다고 본 것이다. 물론 특정 시점의 탐색 결과에 지나치게 큰 비중을 둘 필요는 없다고 그는 말한다. 나중에 나타나는 지능도 있기 때문이다.

2008년 여름, 가드너의 박물관 체험 방식을 참고로 한, '플레이 뮤지엄'이라는 다중지능 이벤트가 서울에서 열렸다. 세종문화회관 미술관 별관에서 열린 이 행사는 '다중지능 체험 놀이터' 방식으로 진행되었다. 이제 국내에서도 아이들이 다중지능을 직접 체험할 수 있는 프로그램이 시작되었다는 점에서 의미가 컸다고 본다.

이 행사에서 부모들은 8가지 지능을 20개의 놀이 도구를 통해 체험할 수 있는 공간에 자녀를 데리고 가서, 그들이 어떤 지능 영역에 관심을 갖는

다 중 지 능 혁 명

지 자연스레 관찰하는 방식으로 자녀의 강점 지능을 확인하도록 꾸몄다.

이러한 탐색 방식에서 매우 중요한 것은 부모가 아이에게 특정 지능에 대해 강요하거나 유도하지 않는 것이다. 우리나라 학부모들은 자녀를 데리고 일반 전시회나 박물관에 가면 자신이 앞장서서 아이 손을 잡아끌며 서둘러 관람을 끝내는 경우가 많은데, 이는 다중지능 박물관에서는 매우 바람직하지 않은 방법이다.

아이들은 이런 박물관에 가면, 자기가 좋아하고 관심이 있는 지능 영역 앞에 저절로 발을 멈추고 시선을 집중하게 되어 있다. 부모는 아이 뒤를 가만히 따라가면서 관찰하면 된다. 물론 체크 리스트나 관찰지를 들고 따라다니면 더 좋을 것이다.

사실 생활 장면에서 자연스레 다중지능을 탐색하는 것이 가장 정통적이고 바람직한 방법이긴 하지만, 그 방법은 현실적인 어려움이 많다. 학부모들로선 박물관에서의 집중적인 탐색이 생활 장면에서의 자연적인 탐색보다 더 손쉽게 접근할 수 있는 방법인 듯하다.

■ 세 번째, 검사지를 통한 탐색

일생 생활의 관찰을 통해 8개 지능을 탐색한다면, 각 지능의 성격이 달라서 탐색 방법도 제각각일 것이다. 그러니 다소 혼란과 어려움이 따르게 마련이다. 그런데다 다중지능은 언어, 음악, 신체운동 등 특정 지능 영역에 대한 선호나 민감성까지 포함하고 있어서, 부모는 굳이 검사를 받지 않더라도 일상 생활을 통해 자녀의 지능에 대해 어느 정도는 감지할 수 있다.

부모나 교사는 IQ 검사처럼 양적으로 정확하게는 아니더라도 아이들 재능의 개략적인 추세를 파악할 필요는 충분히 있다. 아이들을 키우거나 가르치는 데 큰 도움이 되기 때문이다. 물론 바로 위에서 말한 박물관 탐색도 장점은 있지만 경비나 시간 문제가 따른다. 그래서 국내에는 다중지능을 검사지 형식으로 재는 도구가 몇 가지 개발되어 자녀의 재능을 알고 싶어하는 많은 학부모의 관심을 끌고 있다.

먼저 서울대학교 도덕심리연구실(moral.snu.ac.kr 책임교수 : 문용린)이 대교 한국교육평가센터(clinic.edupia.com)의 의뢰를 받아 제작한 다중지능검사는 유아 · 아동 · 청소년 · 성인 등 전 연령층을 대상으로 하고 있다. 이 검사의 장점은 표준화가 되어 있어 타인과 비교할 수 있고, 특히 성인용의 경우 전문가 집단의 평균과도 비교할 수 있다는 점이다.

한편 다중지능연구소(www.multiiq.com)의 검사는 유아용과 초등생용(아동용), 청소년용(중 · 고등학생용)으로 구성되어 있다. 유아용은 지필검사가 아닌 수행평가 방식을 사용하는 것이 장점이다. 부모용 체크 리스트를 포함하고 있는 아동용과 청소년용은 가드너 박사도 타당성을 인정한 쉬어러(B. Shearer)의 MIDAS 검사 한국어판으로, 국내외에서 표준화되어 다양한 비교가 가능하다는 점이 특징이다.

그럼 이제 8개 다중지능 각각에 대한 검사 문항은 어떤 것인지 대략적으로 소개하고자 한다.

지능별	검사 문항
언어지능	• 나는 시나 동화를 즐겨 읽고, 쓰기도 좋아하고 잘하는 편이다. • 나는 말할 때나 글을 쓸 때 내 의견을 정확하게 표현하고, 남의 말이나 글도 잘 이해하는 편이다.
음악지능	• 나는 노래를 좋아하고 처음 듣는 노래도 쉽게 따라 부를 수 있다. • 나는 악기 연주를 좋아하고 연주법을 쉽게 익힌다.
논리수학지능	• 나는 컴퓨터 게임이나 보드 게임을 잘하고 게임 방법도 쉽게 익힌다. • 나는 수학이나 과학을 좋아하고, 물건을 살 때 암산이 빠르고 정확한 편이다.
공간지능	• 나는 그림 그리기나 만들기를 좋아하고 잘한다. • 나는 한 번 갔던 길도 쉽게 찾고, 퍼즐 놀이를 즐겨하는 편이다.
신체운동지능	• 나는 평소 춤이나 운동 등 몸을 움직이는 활동을 좋아한다. • 나는 자전거를 빨리 배우고 바느질이나 뜨개질처럼 손으로 하는 작업을 잘한다.
인간친화지능	• 나는 주변 사람들의 기분이나 욕구를 잘 알아차리고 그것에 잘 맞춰 행동하는 편이다. • 나는 친구 만나는 것을 좋아하고, 새로운 친구를 만나도 금세 친해진다.
자기성찰지능	• 나는 자신의 장단점을 정확히 알고 약점은 보완하려고 노력한다. • 나는 평소 자신의 감정이나 의도, 욕구를 잘 이해하고, 미래에 대해 생각을 많이 하는 편이다.
자연친화지능	• 나는 내 주변의 동물이나 식물에 관심이 많고 그에 관한 책이나 사진을 즐겨 보는 편이다. • 나는 애완동물이나 식물을 기르고 관찰하는 것을 좋아한다.

참고 문헌 : 문용린, 〈지력혁명〉, 122-127쪽

다중지능연구소, 〈강점 지능 살리면 뜯어말려도 공부한다〉, 64-71쪽

내 아이의 강점 지능과 약점 지능을 찾아라

    IQ에서는 점수가 중요한 의미를 지닌다. 그런데 다중지능의 경우에는 그렇지 않다. 앞서 말한 두 가지 방법 중 실제 생활 속에서 지능을 찾을 경우에는 아예 점수 자체가 나올 수 없다. 그러니 다중지능의 측정에서는 수치보다는 추세가 더 중요하다고 볼 수 있다. 어떤 지능이 몇 점인지보다는 어느 지능이 더 높고 낮은지, 다시 말해 강점 지능과 약점 지능은 무엇인지가 더 중요하다는 것이다.

    즉, 다중지능의 측정에서는 IQ처럼 점수에 얽매일 필요는 없고, 점수 자체가 의미 없으니 타인과의 비교도 무의미하다고 볼 수 있다. 따라서 어느 지능이 높은지(강점 지능), 어느 지능이 낮은지(약점 지능) 전반적인 추세만 살펴보면 된다.

그런데 자녀의 강점 지능은 왜 알아야 할까? 그것은 장차 자녀의 전공이나 직업 분야를 고를 때 필수적인 자료가 되기 때문이다.

그렇다면 약점 지능은 왜 알아야 할까? 다중지능 8개는 기본적으로 우리가 살아가면서 부딪히는 일상적인 문제를 해결하는 능력이어서, 어느 한 지능이라도 현저하게 떨어질 경우 재능의 발휘는 차치하고 일상생활 자체에 어려움이 생길 수 있기 때문이다. 그래서 약점 지능도 유심히 살펴봐야 하고, 현저하게 낮은 약점 지능은 어느 수준까지 길러주어야 한다.

검사지로 검사할 경우, 자녀의 다중지능 프로파일을 얻을 수 있다. 막대그래프로 그려진 이 프로파일을 보면 자녀의 강점 지능과 약점 지능을 쉽게 확인할 수 있다.

아래 지능 프로파일은 동아일보가 2007년 봄에 연재한 '재능이 지능이다 : 21세기 신천재들' 시리즈를 위해 딸 지현이가 대교의 성인용 다중지능검사인 잠재 능력진단검사를 받은 결과다.

이 프로파일을 보면, 딸의 경우 언어지능과 논리수학지능이 다른 지능에 비해 훨씬 높음을 알 수 있다. 이 두 지능이 바로 강점 지능이고, 딸은 이 두 지능을 잘 결합·활용하여 희곡을 써서 신춘문예에 당선되는 성과를 얻은 것이다.

그런데 프로파일을 보면 딸의 음악·신체운동·인간친화·자기성찰지능은 다른 지능에 비해 상당히 낮음을 알 수 있다. 이것이 바로 약점 지능

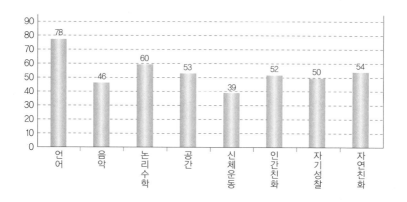

홍지현의 다중지능 프로파일

이다. 인간친화지능이 낮은 것은 부모로서 꽤 신경이 쓰이지만, 낮은 수치는 경험의 제약성과 관련이 있다고 본다. 즉, 고교를 건너뛰었으니 친구를 만날 기회 자체가 적었을 것이다. 하지만 딸아이의 대인관계에는 별 문제가 없는 데다 앞으로 친구를 사귈 기회만 제공되면 회복이 될 것이니 특별한 대책은 필요 없을 듯하다. 그러나 신체운동·자기성찰지능이 낮은 것은 경험의 제약성과는 무관한 것이라, 부모도 늘 걱정을 하고 있고 어떻게 길러주어야 할까 고심하고 있는 중이다.

한 가지에 뛰어난 아이와
두루 뛰어난 아이

　다중지능 프로파일에서 강점 지능을 파악한 다음에 할 일은 강점 지능의 분포가 레이저형인지 서치라이트형인지 파악하는 일이다. 레이저형은 지능 프로파일에서 한두 개의 뚜렷한 정점(꼭짓점)이 있는 경우인데, 물론 이 꼭짓점을 차지하는 지능들이 바로 강점 지능이다.

　모차르트는 음악지능이, 아인슈타인은 논리수학·공간지능이 정점을 이루는 레이저형이다. 내 딸 지현이도 언어지능과 논리수학지능이 월등히 높으니 레이저형 지능이라 볼 수 있다. 이런 유형의 지능 소유자는 자신의 강점 지능을 최대한 활용할 수 있는 한두 분야에서 활동하면 된다. 예술가와 과학자, 학자, 발명가 등이 이런 경우다.

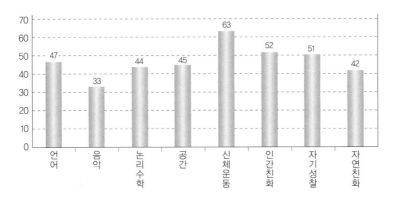

김연아의 다중지능 프로파일

경제 침체와 위기로 모두가 잔뜩 움츠려 있는 이 시기에 온 국민에게 꿈과 희망과 용기를 주고 있는 대표적인 신세대 스포츠 스타인 김연아가 동아일보의 '21세기 신천재들' 시리즈를 위해 앞서 말한 다중지능 검사를 받은 결과, 신체운동지능 하나가 압도적으로 높았다. 레이저형 지능의 대표적인 사례다.

김연아가 강점 지능이 하나인 레이저형이라면 바둑계의 기린아, 윤준상 7단은 강점 지능이 두 개인 레이저형이다. 이창호 9단을 이어 두 번째로 '10대 국수'라는 전설을 낳은 윤 7단은 논리수학지능과 공간지능이 월등히 높았다. 실제 점수를 보면 논리수학지능이 73.1점으로 전문가 점수보다 20점 높았고 공간지능은 71.3점으로 전문가 점수(53.1점)보다 훨씬 높았다(동아일보, 2007. 4. 30).

반면 서치라이트형은 3개 이상의 지능이 프로파일의 정점을 차지하는 경우다. 서치라이트형 프로파일에 나타나는 지능의 조합은 다양하고, 이에 따라 다양한 분야를 전공이나 직업으로 선택할 수 있다. 대체로 보아 레이저형 프로파일이 특정 분야의 연구자나 전문직에게 어울린다면, 서치라이트형 프로파일은 여러 지능을 필요로 하는 직종에 적합하다고 볼 수 있다.

예를 들어, 축구 감독이나 코치는 언어·논리수학·공간·신체운동·인간친화지능이 높은 서치라이트형 프로파일을 가져야 한다. 운동 종목이니까 신체운동지능이야 기본일 테고, 운동을 잘 하자면 필드에서의 공간 감각이 필수적이기에 공간지능도 필요하다. 논리수학지능은 작전이나 전략을 짜는 데 필요하고, 언어지능은 수립한 작전과 전략을 선수들에게 잘 전달하고 의사소통을 원활히 하는 데 필요하다. 또한, 인간친화지능은 히딩크 감독의 경우처럼 선수들의 동기나 욕구, 감정 상태를 파악해서 팀을 잘 이끄는 데 필수적인 능력이다.

레이저형 지능 프로파일을 갖고 있는 사람과 서치라이트형 지능 프로파일을 갖고 있는 사람이 살아가는 방식이나 재능이 발현되는 양상은 서로 다르다. 레이저형은 한 가지 분야에 깊이 몰입하여 남들은 감히 흉내도 낼 수 없는 탁월한 성취를 얻는 반면, 서치라이트형은 다양한 분야에 관심을 갖고 모든 요소들을 종합하여 새로운 그림을 그려낸다. 세 개 이상의 지능이 높은 서치라이트형은 멀티 지능이라고도 할 수 있다. 역사적으로 보면 다빈치와 소로우가 가장 전형적인 사례가 아닌가 생각된다.

다빈치는 논리수학·공간·음악지능 등 다양한 강점 지능을 갖고 있었고 그 재능을 다방면에서 발휘해 역사에 길이 남는 성과를 거뒀다. 소

로우는 언어·음악·공간·신체운동·자기성찰·자연친화지능 등 무려
여섯 개의 강점 지능으로 아무도 흉내 낼 수 없는 삶의 흔적을 남겼다.

다중지능의 계발에는
부모의 역할이 중요하다

다중지능(재능)에 대한 탐색이나 검사가 끝났으면 이제 할 일은 그것을 계발하는 일이다. 교육의 본질은 '상태'가 아니라 '변화'라고 보아야 한다. 이를테면 '철수의 언어지능은 낮다'는 것은 하나의 상태를 나타낸다. 그러나 '이런저런 프로그램을 실시했더니 철수의 언어지능이 높아졌다'는 것은 변화에 해당한다. 상태의 확인에 머무르지 않고 어떤 상태에서 보다 더 나은 상태로 변화시키는 것이 바로 교육이다.

앞서 말한 탐색이나 검사가 '상태'를 확인하는 것이라면, 이제부터 살펴보고자 하는 계발은 '변화'를 시사한다. 상태 확인이 있어야 변화가 가능하다고 본다면, 탐색이나 검사는 변화의 출발점이 된다.

계발 과정에서 부모가 유의할 사항

8개의 다중지능은 서로 다르다. 그래서 교육이나 계발 방법도 다르게 마련이다. 게다가 개인 내의 차이도 있고 개인 간의 차이도 있다. 그러니 다수의 학생을 대상으로 보편적인 교육을 실시해야 하는 학교 교육으로서는 감당하기 어려운 부분이 있다. 따라서 가정에서 부모의 역할이 중요해진다.

물론 학교 교육에서 다중지능에 입각한 교육과정을 운영하는 것이 바람직하고, 실제로 미국의 경우 그런 학교가 있다. 우리나라의 경우는 다중지능을 반영한 교육과정을 운영하는 유치원이 있고, 초등학교의 경우 관심 있는 교사들을 중심으로 활발한 현장 연구가 진행되고 있다.

하지만 다중지능의 특성상 학교 교육이 미치지 못하는 구석이 있게 마련인데, 가정교육이 이를 보완해야 한다. 그래서 무엇보다도 부모의 역할이 중요하다는 것이다. 자녀의 지능을 계발할 때 부모가 유의할 사항 몇 가지를 정리하면 다음과 같다.

지능계발 과정에서 부모가 유의할 사항

1. 강점 지능 뿐만 아니라 약점 지능에도 관심을 가져라.

2. 지능 계발의 가능성과 한계에 대해 유의하라.

3. 자녀에게 특정 지능 분야를 강요하거나 유도하지 마라.

4. 여러 지능을 동시에 길러라.

5. 강점 지능을 활용하여 약점 지능을 길러라.

자녀의 지능을 계발할 때 부모가 유의해야 할 사항 중 첫 번째는 자녀의 강점 지능 뿐만 아니라 약점 지능에까지 관심을 갖는 것이다. 강점 지능에 대해선 '선택과 집중'을 통해 더욱 강화해서 나중에 전공 및 직업 분야의 선택으로 연결하면 된다.

그럼 약점 지능은 어떻게 해야 하나? 현저하게 낮은 지능이 있으면 재능실현은 커녕 당장 자녀의 일상생활에 문제가 생길 수 있다. 그러니 부모는 자녀의 강점 지능을 최고조로 올리는 동시에, 약점 지능은 적어도 평균 수준까지는 끌어올려야 한다.

요즘 다중지능이 많은 학부모들에게 인기를 끌다보니 일부 사설 기관에서는 영재 교육 관점에서 특정 도구를 써서 단기간에 강점 지능 하나만 계발하면 만사형통이라는 식으로 학부모들에게 환상을 심어주고 있는데, 이는 다중지능의 본질과 기본 정신에 비추어 보았을 때 문제가 있다고 본다.

두 번째는 지능 계발의 가능성과 한계 문제다. 지능이나 재능은 선천성이 강해서 노력한다고 해서 무한정 길러지지는 않는다. 한계가 있다는 말이다. 하지만 노력하면 변화되는 부분도 분명히 있다.

가드너는 음악·논리수학·공간지능이 언어·인간친화·자기성찰·자연친화지능보다 유전의 영향을 더 많이 받는다고 말한다. 음악·논리수학·공간지능은 가소성(可塑性), 즉 변화 가능성이 낮아서, 환경이나 교육에 의한 후천적 변화의 폭이 그다지 크지 않다는 말이다. 하지만 그는 가소성이 낮은 지능이라도 아주 훌륭한 교육 프로그램만 있으면 변화의 폭이 커질 수 있고, 가소성이 높은 지능이라도 아무런 교육도 받지 못하면 제대로 발휘될 수 없다고 말한다. 타고나는 것도 중요하지만 노력도 중요하다는 뜻이다.

세 번째는 부모는 자녀가 특정 지능 분야에 관심을 갖도록 유도하거나 강요하지 말아야 한다는 점인데, 교육열이 유난히 강하고 내리사랑 또한 강해서 부모 역할이 베타맘(서포터형)보다는 알파맘(매니저형) 쪽으로 쏠리기 쉬운 우리나라 학부모들로선 그 유혹을 참기 어려울 것이다. 그러나 정말 자제하고 조심해야 할 부분이다.

아이들의 관심과 흥미는 자연적으로 드러나게 마련이다. 그것은 봄에 꽃이 피는 것처럼 자연스런 현상이기 때문이다.

그러니 무슨 꽃이 언제 어디서 어떻게 필지에 대해 부모는 간섭이나 강요를 해서는 안 된다. 피지 않는 꽃을 억지로 피게 한다거나, 피어나는 꽃을 인위적으로 못 피게 하는 일이 있어서는 안 된다는 말이다.

네 번째는 '1활동 多지능'의 멀티 프로그램을 활용할 필요가 있다는 점이다. 다중지능은 어차피 하나의 지능보다는 여러 지능들이 조합을 이뤄 작용하기 때문에, 하나의 활동을 통해 여러 지능을 동시에 키울 수 있는 멀티 프로그램이 좋다는 것이다. 이를테면 일기쓰기를 통해 언어지능과 자기성찰지능을 동시에 계발하고, 역할놀이를 통해 인간친화지능과 신체운동지능을 함께 키우는 방법이 한 예다.

다섯 번째는 네 번째와 관련이 있다. 즉, 하나의 활동을 통해 여러 지능들을 동시에 계발하는 것이 바람직하다고 했는데, 그럴 경우 강점 지능을 활용해서 약점 지능을 계발하면 더욱 효과적이라는 것이다.

예를 들어 자연친화지능이 높아서 꽃이나 나무를 아주 좋아하는데 음악지능이 현저히 낮은 아이가 있다면 어떻게 하면 좋을까? 꽃이나 나무에 관한 노래를 부르게 하면 될 것이다.

마지막으로 여섯 번째는 지능마다 계발될 수 있는 최적의 시기가 다르다는 점이다. 물론 사람마다 개인차는 있겠지만 대체적으로 음악지능은 유아기에 잘 나타나고, 논리수학지능은 청소년기가 되어야 제대로 나타난다고 한다. 아인슈타인도 16세가 되기 전에는 자신이 수학에 재능이 있는지도 몰랐다고 하지 않은가.

그러니 부모는 자녀의 지능 계발 과정에서 유연성과 인내심을 지녀야 한다. 자녀가 특정 시기에 특정 지능을 선호하고 관심을 갖는다고 해서 그것이 유일한 강점 지능이라고 단정하지 말고 다른 지능에 대해서도 관심을 가져보도록 해야 한다. 일시적으로 나타나는 호기심이나 관심을 강점 지능으로 오판해서는 안 되기 때문이다.

거실을 다중지능 박물관으로!

앞서 말했듯이 가드너는 다중지능에 적합한 교육 환경으로 어린이 박물관을 적극 추천한다. 학교에는 정해진 교육과정이 있어 그에 따라 교육 활동이 진행되지만 어린이 박물관에서는 어린이들이 자신이 좋아하는 것에 관심을 집중할 수 있고 자신만의 속도를 유지할 수 있다. 그래서 박물관에서는 누구든 낙제하지 않는다는 말도 있다.

이런 가드너의 아이디어를 바탕으로 우리가 가정에서 당장 실행할 수 있는 방법을 찾아낸다면 '거실을 박물관으로'가 좋을 듯하다. 거실을 서재로 바꾸는 움직임은 근래에 유행하는 추세이고, 우리집도 그렇게 해봤는데 효과적이었다.

그런데 서재와 박물관은 다르다. 서재는 인쇄매체인 책을 위주로 하는데, 책만으로는 다중지능에 접근하는 데 부족함이 있다. 그러니 한걸음 더 나아가, 서재를 박물관으로 바꿔서 다중지능을 직접 자극하고 계발할 수 있도록 하면 좋겠다. 물론 이는 학교나 유치원, 보육시설에도 해당되는 제안이다.

어린 시절의 다양한 감각 경험이 인지발달을 촉진한다는 것은 많이 알려진 사실이다. 그런 '감각 경험'을 '다중지능적 경험'으로 조금만 바꿔주면 된다. 지금까지 유아 관련 시설에서는 프로벨이나 몬테소리의 영향으로 다양한 감각 경험에 중점을 두고 있는데, 여기에서 조금만 더 나아가 다중지능적 관점을 적용하면 된다.

가드너는 박물관뿐만 아니라 미술관도 좋은 다중지능 교육기관이 될 수 있다고 말한다. 단, 전시된 작품을 거리를 두고 관람만 하는 시스템이 아니라 아이들이 직접 작품을 만들고 활동해 보는 시스템이 필요하다고 보았다.

가드너가 소개한 프로젝트 뮤즈(Project MUSE)라는 프로그램은 미술관과 교육을 연결하는 아주 유익한 방법이다. 즉, 아이들이 작품을 관람할 때 자신이 보고 들은 것을 설명하고(언어지능), 재료비와 판매가격을 비교하고(수학지능), 그 작품에 대한 각자의 생각을 토론하고(논리지능), 각자가 보고 느낀 감정을 신체 또는 언어로 표현하는(신체, 언어지능) 방식이다.

이런 과정에서 아이의 강점 지능은 저절로 드러나게 마련인데, 부모는 이를 유심히 들여다보고, 적절하게 대응해야 한다. 아이의 강점 지능이 미약하게 표출될 경우에도 부모는 이를 놓치지 말아야 한다. 다만, 강점 지능이 나타나더라도 너무 어린 시기에는 가변적일 수 있고, 지능에 따라서는 늦게 발현되는 경우도 있으므로 유연하게 대응할 필요가 있다.

재능 탐색기의 부모 역할이
아이의 미래를 결정한다

재능 탐색기인 어린 시절에 부모가 해야 할 중요한 일은 재능 탐색과 특성 탐색, 두 가지다. 재능 탐색이란 아이의 소질이나 적성을 찾는 것을 말하는데, 이 책에서는 다중지능을 살펴보는 일이 되겠다.

특성을 살펴보는 것은 자녀의 인성과 성격이나 기질, 그리고 자녀만의 독특한 스타일을 파악하는 일이다. 재능 탐색은 장차 전공과 직업 분야를 선택하는 데 필요하고, 특성 탐색은 자녀에게 맞는 양육과 교육 방식을 결정하는 데 필요하다.

어린 자녀가 스스로 자기 재능이 무엇인지 살펴보는 것은 너무 어려운 일이다. 그러니 부모가 아이 재능의 내비게이터(Navigator)가 되어야 한다. 부모는 이 일을 가장 잘할 수 있는 사람이다. 아이를 가장 잘 알고, 아이와 가장 많은 시간을 보내는 사람이기 때문이다. 부모 다음으론 교사도 그 역할을 맡을 수 있는 적임자일 것이다.

내비게이션이 무엇인가? 자동차 운행에 흔히 쓰이는 목적지 탐색 시스템이다. 우리가 어디를 가고자 할 때 거기에 이르는 가장 빠른 길, 바른 길을 안내해 준다.

그러나 재능의 내비게이션은 좀 다른 시스템이다. 목적지가 이미 결정되어 있어서 거기 이르는 길을 찾는 것이 아니라, 목적지 자체를 찾는 것이기 때문이다.

그런데 재능 탐색의 내비게이션이 좀 어렵고 더디고 힘들다고 해서 부모가 앞장서서 터미네이터(Terminator) 역할을 하는 것은 정말 위험한 일이다. 부모는 자식을 사랑하는 마음이 너무 강해서 냉정한 내비게이터보다는 열정적인 터미네이터가 되기 쉽다.

그렇다, 재능 탐색 내비게이션에서는 열정보다는 냉정이 필요하다. 내비게이터의 임무가 '있는 길을 찾는 것'이라면 터미네이터의 임무는 '없는 길을 만드는 것'이라 할 수 있겠다. 부모는 아이 재능을 찾는 데 있어서 냉정하고 겸손한 탐색자라야지 열정적이고 오만한 해결사가 되어서는 안 된다. 있는 재능을 찾아야지 없는 재능을 만들어서는 안 된다는 말이다.

　　그렇다면 다중지능 시대에 바람직한 부모의 역할 모델은 무엇일까? 동아일보에서 연재한 '21세기 신천재' 19명에서 나타난 공통점은 부모가 자녀에게 이래라 저래라 하는 간섭이나 통제를 전혀 하지 않았다는 것이다. 그렇게 본다면 다중지능 시대에 적합한 부모의 역할은 일단 알파맘보다는 베타맘이라고 볼 수 있다.

　　널리 알려진 대로 알파맘은 부모가 앞장서서 자녀에게 적극적인 영향력을 행사하는 역할 모델이고, 베타맘은 그 반대로 자녀의 뒤에 머물면서 자녀가 자유롭게 크도록 하는 소극적인 역할 모델이다. 알파맘이 '치맛바람 휘날리며' 자녀의 모든 것을 관리하는 통제형 엄마라면, 베타맘은 '흐르는 강물처럼' 자녀가 알아서 크도록 놔두는 방임형 엄마라고 할 수 있겠다.

　　일단 베타맘이 다중지능의 기본 정신에 맞는 부모 역할이라 할 수 있다. 하지만, 알파맘 역할도 필요하다. 왜 그럴까?

　　바로 앞에서 내비게이터와 터미네이터를 비교했는데, 있는 재능을 찾는 데는 내비게이터의 역할이 필수적이다. 그러나 부모 자신이 모든 분야의 전문가일 수는 없다. 그러니 자녀의 재능을 확인하기 위해서는 해당 분야의 전문가에 의뢰하는 등 적극적으로 길을 여는 터미네이터의 역할도 필요하다. 이럴 때 알파맘의 역할도 필요하다는 말이다.

　　그렇다, 부모가 자녀의 재능을 찾았다 해도 부모 자신이 그 분야의 전문가가 아닌 이상 전문가에게 의뢰하는 것이 좋다. 김연아 선수가 7살 때 피겨 재능을 발견한 어머니가 전문 코치에게 데려감으로써 오늘의 김연아가 있게 한 것은 재능 탐색에 임하는 부모의 좋은 역할 모델이다.

게다가 재능이 뛰어난 아이일 경우, 다수 학생을 대상으로 보편적인 교육을 실시하는 현행 학교 교육으로는 그 재능을 충분히 발휘하도록 만들 수 없다. 그럴 경우 부모가 나설 수밖에 없다. 부모의 적극적인 노력과 대응이 필수적이라는 말이다.

본래 교육의 개념에는 적극주의와 소극주의의 두 가지 역할 개념이 있다. 아이들은 원래 공부하기를 싫어한다. 미성숙한 아이들을 성숙한 상태로 변화시키기 위해서는 부모의 적극적인 역할이 필요하다. 그러나 교육의 내용이나 방법에서는 아이 자신의 흥미와 욕구, 필요를 인정하고 존중해주어야 한다.

따라서 다중지능 시대라 해도 알파맘(적극주의, 터미네이터)과 베타맘(소극주의, 내비게이터)의 역할은 모두 필요하다. 자녀의 재능을 탐색할 때 있는 재능을 그대로 인정해야지 없는 재능을 강요해서는 안 되기 때문에 베타맘 역할이 필요하고, 그 재능을 제대로 교육·훈련시켜서 해당 분야에서 최대한 발휘할 수 있도록 하는 데는 부모의 적극적인 지원이 필요하기 때문에 알파맘 역할도 필수적이라는 말이다.

그러니 부모는 상황에 따라 알파맘과 베타맘의 역할을 잘 선택해야 한다. 알파맘이 되어야 할 자리에서 베타맘이 된다든가, 베타맘이 되어야 하는 상황에서 알파맘이 되어서는 안 된다.

부모는 알파맘과 베타맘 중 하나를 선택할 것이 아니라 자녀 특성에

따라, 또한 상황에 따라 알파맘도 되어야 하고 베타맘도 되어야 한다.

■ 재능 탐색에도 '줄탁동시'의 지혜가 필요하다

줄탁동시란 병아리가 부화할 때의 절묘한 메커니즘을 말하는데, 교육에서는 부모와 자녀, 교사와 학생 간의 상호작용을 의미한다. 병아리가 부화할 때가 되어 안에서 부리로 껍질을 톡톡 쪼면 어미 닭은 밖에서 이를 기다리고 있다가 즉시 껍질을 깨뜨려 주어야 한다. 여기서 병아리가 안에서 껍질을 쪼는 것을 '줄'이라 하고 어미 닭이 밖에서 껍질을 깨뜨려주는 것을 '탁'이라 한다.

여기서 중요한 것은 줄과 탁의 동시성(同時性)인데, 교육학 용어로는 상호작용쯤 되겠다. 부화 직전의 병아리는 부리가 약해서 스스로 껍질을 깨뜨릴 수 없다. 그래서 밖으로 신호를 보내는데, 어미닭이 이를 놓치면 병아리는 죽고 만다.

생명 탄생의 신성한 메커니즘인 줄탁동시의 원리는 자녀의 재능 탐색에서도 중요하다. 재능은 자연성이 강해서, 때가 되면 뭔가 조짐이 나타나게 마련이다. 봄이 되면 저절로 싹이 돋고 꽃이 피는 것처럼 말이다.

그래서 부모나 교사의 관심과 대응이 중요해지는 것이다. 저절로 돋아나는 여린 재능의 싹을 잘 발견해서 적절한 대응을 해 주어야 한다. 미세하게 드러나는 '줄'의 조짐을 눈여겨보았다가 적절한 '탁'을 해 주어야 한다는 말이다.

다 중 지 능 혁 명

피겨 선수 김연아와 수영 선수 김진호 어머니의 역할은 '재능 탐색의 줄탁동시'의 좋은 사례가 된다. 먼저 김연아 어머니의 경우를 보자. 그는 김 선수가 7살 때 과천시민회관 실내링크가 오픈했다 해서 데려갔는데 스케이팅을 정말 좋아하더라는 것이다. 미술학원이나 피아노학원, 발레학원이나 바이올린 학원에 보냈을 때와는 너무도 달랐다. 그 직후 어머니는 피겨 스케이팅 비디오 테이프를 사 주었는데 틈만 나면 보고 또 보더란다. 게다가 그걸 보는 표정이 너무도 진지했고 심지어는 선수들의 동작을 계속 흉내내는 것을 볼 수 있었다고 한다.

김진호 어머니의 경우도 비슷하다. 그는 자폐아인 진호 군이 7세 무렵에 유난히 물을 좋아하고 물속에서는 정상아와 거의 격차가 없음을 알아차리고 수영을 권했다. 오늘의 김진호가 있게 된 것은 이런 어머니의 깊은 관심과 예리한 관찰 덕분이다.

이처럼 재능 탐색기에는 특히 부모의 역할이 아주 중요한데, 그 역할의 핵심은 바로 줄탁동시의 '탁'을 제대로 해 주는 것이다. 아이의 재능은 결국 아이 스스로 드러내게 되어 있다. 저절로 '줄'을 한다는 얘기다. 이것은 꽃이 피고 강물이 흐르는 것처럼 자연적인 과정이다. 때가 되면 저절로 꽃은 피게 마련이고 강물은 흐르게 마련이다.

이럴 때 부모는 갓 돋아난 여린 재능의 싹을 정확히 관찰하고 적절한 대응을 해줘야 한다. 이것이 김연아 모녀와 김진호 모자의 줄탁동시 사례에서 우리가 놓쳐서는 안 되는 중요한 포인트다.

현재 수준보다 미래의
발달 잠재력을 살펴라

자녀가 어떤 분야에서 재능을 보일 때 그것이 노력에 의한 것인지 아닌지를 잘 살펴야 한다. '노력한 80점'과 '노력 없는 80점'의 의미는 상당히 다르다. 두 아이의 현재 성취 수준은 같지만 미래의 성취 잠재력은 크게 다르기 때문이다.

여기서 러시아의 교육심리학자 비고츠키의 ZPD(Zone of Proximal Development) 개념은 많은 교육적 시사점을 준다. 자녀를 키우고 가르치는 부모라면 마땅히 눈여겨 보아야 할 아주 중요한 개념이다.

사실 무슨 이론이나 개념, 하면 딱딱하고 어려운 데다 실제와는 동떨어진 것들이라고 생각하기 쉬운데 꼭 그런 것만은 아니다. 이론이나 개념은 어느 날 갑자기 하늘에서 뚝 떨어진 게 아니라 엄연한 현실에서 나온 것이기 때문이다. 요즘 〈20대 심리학〉이니 〈서른 살이 심리학에게 묻다〉 등의 책이 사람들의 시선을 끌고 있고, 자녀 양육이나 교육, 대인관계 등을 다룬 심리학책이 유난히 많이 나오는 것도 같은 맥락이다. 세상 살아가는 것이나 아이를 키우는 것이 갈수록 녹록치 않다는 뜻이다. 그러니 좋은 부모가 되기 위해선 전문적인 이론의 도움이 필수적이라 본다.

근접발달영역으로 번역되는 ZPD는 '아이 혼자서는 해결할 수 없지만 누가 도와주면 해결할 수 있는 부분'을 뜻한다. 그러니 ZPD는 현재의 발달 수준이 아니라 미래의 발달 잠재력이다. 물론 교육이란 바로 이 ZPD를 끊임없이 확장해 가는 과정이다.

비슷한 개념으로 고무밴드 가설이란 것이 있다. 고무밴드는 스스로는 늘어나지 않지만 외부에서 힘을 가하면 반드시 늘어나게 되어 있다. 물론 고무밴드가 짧더라도 강한 힘을 가하면 많이 늘어난다. 여기서 고무밴드에 가해지는 힘이 바로 환경 또는 교육이다.

그런데 고무밴드는 무한정 늘어나지는 않는다. 너무 많이 당기면 줄은 끊어지고 만다. 외부 힘을 가했을 때 늘어날 수 있는 고무줄의 길이, 즉 비고츠키 용어로 ZPD는 아이마다 다르다. 대부분의 부모들은 자녀의 ZPD 또는 고무줄이 무한정 늘어날 줄 알고 학습을 강요하는데, 전혀 소용이 없고 오히려 부작용만 낳을 가능성이 크다.

부모가 자녀의 ZPD를 확인하는 것은 그래서 중요하다. 예를 들어 서울 강남에 사는 철수는 많은 노력을 하고 온갖 도움을 다 받아 수학 시험에서 80점을 받았고 강원도 '동막골'에 사는 영희는 같은 시험을 남의 도움은커녕 별 노력하지 않고서도 80점을 받았다 하자. 과연 누구의 잠재력이 더 클까? 누구의 ZPD가 더 크고, 장차 누구의 고무줄이 더 많이 늘어날 수 있을까?

물론, ZPD가 이미 한계에 도달해서 더 이상 늘어날 수 없는데도 욕심이 나서 계속 힘을 가하는 잘못을 범해서는 안 된다. 현재의 도달 수준보다 미래의 발달 가능성을 살피는 것은 그래서 중요하다.

그런데 현행 IQ 검사를 비롯한 많은 학교 시험들은 잠재력을 재는 검사가 아니라 현재의 달성 수준만을 재는 검사다. 그러나 철수와 영희처럼 같은 IQ 점수나 수학 성적이라도 의미는 상당히 다른 것이다.

부모는 자녀의 ZPD나 '고무줄 길이'를 잘 살피면서 교육을 시켜야 한다. 현재의 성취 수준도 중요하지만 미래의 잠재력을 더욱 눈여겨 보아야 한다는 말이다.

다중지능은 교육을 통해
계발될 수 있다

　지금까지 자녀의 지능을 계발할 때 부모가 유의해야 할 사항을 살펴
보았다. 이제 8개 지능 각각을 계발할 수 있는 구체적인 방법들을 알아
보자. 물론 여기서 제시하는 것들은 유아기나 아동기의 자녀를 둔 부모
가 가정에서 일상생활을 통해 간단하게 실시할 수 있는 방법이지 전문적
인 교육이나 훈련 프로그램은 아니라는 점을 유념하자.

 언어지능을 높이는 법

진화론의 용불용설(用不用說)처럼 말이나 글은 쓰면 늘고 쓰

지 않으면 퇴화되게 되어 있다. 그러니 자녀가 일상생활 속에서 말이나 글을 자주 사용하도록 하는 게 중요하다. 물론 말과 글은 다른 표현 수단이므로 따로 길러주는 것이 좋겠다.

일기나 편지쓰기 일기나 편지쓰기는 문장력을 높일 수 있는 좋은 방법이다. 특히 일기쓰기의 경우는 내면적 성숙도 가능하기 때문에, 언어지능뿐만 아니라 자기성찰지능까지 높일 수 있는 다목적 활동이다.

가족 간의 대화·토론·발표 생활 속의 사건이나 사회적 이슈에 대해 가족끼리 대화나 토론을 하는 것도 좋은 방법이다. 가족 간 대화가 유난히 적은 우리의 가정 풍토에서 처음엔 어색하겠지만 효과는 클 것이다. '3분 스피치'처럼 하나의 주제를 정해 놓고 자녀가 가족 앞에서 의사나 견해를 명쾌히 발표하면 발표력도 향상되고 자신감도 붙으니, 웅변학원에만 보내 놓고 방관하는 것보다는 훨씬 더 나은 방법이다.

역할극이나 역할놀이 초등학교의 동아리나 특별활동 시간에 연극이나 역할극, 역할놀이에 참여하면 언어지능을 높일 수 있고, 타인의 관점·동기·감정을 인식하는 데도 도움이 되므로 인간친화지능의 향상이라는 '보너스'까지 챙길 수 있다.

동화나 이야기 완성하기 자녀에게 동화나 이야기를 중간까지만 들려준

다음, 나머지는 자녀가 완성하여 이야기하도록 하면 말과 글이 함께 늘 수 있다. 물론 상상력 향상에도 보탬이 될 테니 일석이조, 일거양득의 활동이다.

음악지능을 높이는 법

음악지능의 상징은 멜로디와 리듬이다. 음악 영역은 성악과 기악으로 나뉘고, 노래 부르기와 듣기, 악기 연주와 작곡 등 다양한 활동이 가능하다. 일찍부터 재능을 살려 음악가로 키우는 것도 좋지만, 일단 초·중등학교의 음악 교과에 뒤처지지 않도록 하는 것만 해도 큰 성과가 될 것이다. 음악은 또한 자녀의 정서 발달이나 스트레스 해소에도 큰 도움이 된다.

노래 부르기 때때로 악보를 보고 음정이나 박자에 맞춰 노래를 불러 보도록 한다. 이 때 간단한 율동을 곁들이거나 〈난타〉 공연처럼 가벼운 도구를 두드리며 박자를 맞추면 신체운동지능의 계발에도 보탬이 된다.

악기 연주 아이들이 다루기 쉬운 악기를 하나씩 고르게 하여 틈틈이 연주하도록 하면 정서 발달에도 유익하다. 나는 초등학생 때 '1인 1악기 운동' 덕분에 하모니카를 불게 되었는데 정말 큰 도움이 되었다.

음악 감상이나 작곡 주제가 분명한 클래식이나 날씨 또는 감정 상태에 어울리는 곡 모음집을 감상하게 한 다음 제대로 느꼈는지 대화를 나눠 본다. 자신의 느낌이나 감정을 간단한 노래로 작곡해 보도록 하는 것도 좋겠다.

가족 음악회나 노래방 일주일에 한 번 정도 온 가족이 모여 함께 노래를 부르거나 악기를 연주하는 가족 음악회는 가족 간의 이해와 친목 도모 에도 보탬이 된다. 가족의 기념일에 노래방에 가는 것도 좋은 방법이다.

논리수학지능을 높이는 법

논리수학지능은 논리 능력과 수리 능력으로 나눌 수 있는데, 두 능력은 다소 차이가 나기 때문에 따로 접근하는 것이 좋겠다. 전통적 인 지능인 IQ가 바로 이 능력이라서 아이들로선 가장 재미없고 딱딱한 지능이 될 수 있다. 그러니 아이들이 싫어하는 공부 방식보다는 일상 생활에서 찾을 수 있는 재미있는 소재를 활용하는 방식이 좋겠다.

생활 속의 숫자놀이 생활 주변에서 흔히 발견되는 숫자를 이용하여 게임 이나 놀이를 한다. 이를테면 차를 타고 갈 때 보이는 바로 앞차의 차량번 호는 좋은 소재다. 차량번호가 6241번이면 사칙연산 기호를 써서 $6 \div 2 + 1 = 4$의 등식을 만들어 낼 수 있는데, 우리 딸이 즐겨 하는 방식이다. 나는 사칙연산보다는 차량번호 자체에 민감한 편이다. 예를 들어 앞차 번호가 1392면 조선 개국 연도, 4923이면 군번, 5322면 연구실 전화번호 등을 연상한다. 세상은 온통 숫자로 구성되어 작동되고 있으니 수리 능력을 기르기엔 안성맞춤이다. 조금만 관심을 갖고 노력하면 된다.

수리 능력 기르기 자녀와 함께 마트나 슈퍼마켓에 갔을 때, 구입한 여러 물품의 가격을 아이가 합산해 보도록 유도한다. 그 외에도 일상생활에서 수리 능력을 키울 수 있는 기회는 무수히 많다.

논리 능력 기르기 다른 사람(부모 포함)과 대화나 토론을 할 때, 또는 남의 글을 읽을 때 상대방의 입장이나 주장에서 논리적 허점을 발견해보도록 격려한다. 특히 부모와 자녀가 토론을 할 때는 자녀를 동등한 지위의 대화자로 인정해야 한다. 그래서 자녀의 주장이 더 논리적일 경우 부모는 이를 스스럼없이 받아들여야 한다. 논리적 대화나 토론에 있어서는 연공(年功)보다는 내공(內功)이 우선이라는 말이다.

절차나 과정 익히기 간단한 가전 제품을 구입했을 때 사용설명서를 보고 제품의 구조와 작동 원리를 이해하고 실제로 조립·작동시켜 본다. 역사적인 사건을 포함하여 우리 주변에서 일어난 사건이나 사고가 발생한 과정을 이해하고 재구성하도록 하는 것도 논리적 능력을 기르는 데 유용한 방법이다.

■ 공간지능을 높이는 법

공간지능은 도형이나 지도, 그림을 잘 이해하고 위치나 방향을 잘 인지할 수 있는 능력이다. 이 지능이 아주 높으면 디자이너나 건축설계사 등의 전문직이 될 수 있지만 너무 낮으면 소위 길치나 방향치가 되어 일상생활에 지장이 많다. 그러니 최소한 길치나 방향치만은 면하도록 해야 할 것이다. 물론 노력하면 어느 정도까지는 길러질 수 있는 능력이다.

지도나 약도 읽기 지하도나 건물 내의 공간 배치도를 보면서 목적지를 찾아가는 연습을 한다. 지도나 약도를 보면서 목적지를 찾아가는 연습도 도움이 될 것이다.

도면 익히기 모형 자동차나 비행기, 간단한 가전제품 등의 설계도를 보면서 전체 모습이나 구조를 머릿속에 그려 보도록 한다. 나아가 직접 조립하도록 하면 신체운동지능까지 키울 수 있다.

도로나 지리 익히기 평소 집에서 학교나 학원에 가는 길을 눈여겨 보고 머릿속으로 지도를 그리도록 한다. 어디를 가든 그 위치를 정확히 기억했다가 나중에 다시 찾아가도록 하는 것도 좋은 방법이다. 산책이나 도보 여행을 자주 하면서 도로나 건물, 산이나 들, 강의 위치를 정확히 기억하도록 하는 것도 좋다

그림 그리기나 게임 하기 인상적인 장면을 본 느낌을 그림으로 그려 보도록 한다. 외부 대상에 대한 느낌을 멜로디나 리듬으로 표현하면 음악지능이, 말이나 글로 표현하면 언어지능이, 그림이나 도형으로 나타내면 공간지능이 계발된다. 물론 퍼즐이나 헥사, 테트리스 등의 컴퓨터 게임도 이 지능을 기르는 데 도움이 된다.

■ 신체운동지능을 높이는 법

신체운동지능은 선천성이 강해서 교육이나 훈련에 의한 변화 가능성이 비교적 낮은 지능이다. 물론 선천성이 강하다고 해서 노력 없이 저절로 길러진다는 뜻은 아니다. 이 지능은 단순한 체력과는 다르며, 신체 동작과 운동 감각, 제스처와 신체언어(보디랭귀지) 등으로 다양하게 표출된다. 재능을 살려 운동선수로 키우는 것도 중요하지만, 적어도 몸치 또는 기계치는 면하도록 만드는 것도 중요하다.

동작 능력 기르기 어릴 적에 손동작 능력을 키우는 데는 공기놀이와 젓가락 사용이 가장 좋은 방법인 듯하다. 우리나라가 해마다 국제기능올림픽을 제패하고 조선이나 반도체, 생명공학 분야를 석권하는 것은 누구나 어릴 때부터 익힌 젓가락 솜씨 덕분이 아닌가 싶다. 젓가락을 사용하면 30여 개의 관절과 50여 개의 근육을 움직일 수 있고 대뇌에 자극을 주게 된다.

작동 능력 기르기 헬스클럽에 있는 운동 기구들의 구조와 작동 원리를 파악하는 것은 논리지능이지만, 파악한 다음 실제로 동작에 옮기는 능력은 신체운동지능이다. 장난감을 해체하여 재조립한다든가 집에서 고장난 세면대를 풀어 수리해 보는 것도 좋은 방법이다.

신체 언어 습득하기 신체언어(보디랭귀지)는 언어에 의하지 않고, 몸짓·손짓·표정 등 직접적인 신체의 동작으로 의사나 감정을 표현·전달하는 행위다. 연예인의 동작이나 제스처, 표정 연기 등을 따라해 보는 것은 신체언어능력을 기르는 데 아주 좋은 방법이다.

■ 인간친화지능을 높이는 법

인간친화지능은 대인관계에 필수적인 능력이다. 세일즈맨이나 정치가 같은 특정 직업에 필요한 특수 지능이면서도 한편으론 우리 모두가 주위 사람들과 잘 어울려 행복하게 살아가는 데 큰 도움을 주는 기본 지능이기도 하다. 인성의 기초가 형성되는 유아기나 아동기에는 이 지능을 특수 지능보다는 기본 지능의 관점에서 접근하는 것이 더 바람직하다. 적절한 교육이나 훈련을 받을 경우 다른 지능에 비해 변화의 폭이 비교적 큰 지능이라 할 수 있다.

타인 감정의 인식 드라마나 영화에 등장하는 인물의 감정이나 의도 같은 내면세계를 알아보는 연습을 해 보면 좋다. 부모와 자녀가 함께 TV 드라마나 영화를 본 다음 등장인물의 감정이나 욕구, 의도에 관한 대화를 나누면 된다. 타인의 내적 상태에 대한 인식은 조절이나 통제의 출발점이 된다는 점에서 중요하다.

공감 및 감수성 훈련 타인의 정서나 감정을 인식하는 데 그쳐서는 부족하다. 남의 정서를 있는 그대로 받아들이는 공감 훈련이나 감수성 훈련도 필요하다. 물론 이런 훈련은 심리학적 이론을 바탕으로 실시되는 전문적인 과정이기 때문에 일반 가정에서 하기는 어렵다. 그러니 부모가 일단 가벼운 대화를 통해 자녀의 공감 능력과 감수성 능력을 체크해서 현저하게 떨어지면 전문적인 프로그램에 참여하도록 지도하면 된다.

협업 및 분업 경험 또래들과의 조별 활동이나 공동 작업에 적극 참여함으로써 남과 어울려 활동하는 경험을 많이 갖도록 한다. 타인에 대한 양보나 배려는 대인 관계의 윤활유인데, 이는 반복적인 연습을 통해 습관화될 수 있다.

■ 자기성찰지능을 높이는 법

자기성찰지능은 자신의 내면세계를 정확히 인식하고 그에 적절히 대응할 수 있는 능력이다. 이 지능은 재능실현의 토대 역할을 하는 기본적인 지능이어서 인간친화지능처럼 억지로라도 길러야 한다. 자녀가 자신의 내적 상태를 잘 파악하고 자신의 장래에 대한 명확한 계획을 가지면 더 나은 미래를 위해 더 많은 노력을 하게 될 것이다.

일기 쓰기 앞서 언어지능에서도 말했지만 일기쓰기는 언어지능에도 좋고 자기성찰지능에도 도움이 된다. 나는 중학 시절 이래로 일기를 계속 써왔기 때문에 일기의 장점과 매력을 충분히 알고 느낀다. 특히 삶이 어렵고 힘들 때 일기는 더욱 필요하다. 혼돈 속에서도 글을 통해 길을 찾을 수 있기 때문이다. 일기를 쓰면 마음이 차분해지고 자신을 객관화 해서 돌아볼 수 있게 된다. 그러다 보면 평소엔 보이지 않던 길도 보인다. 글은 길을 낳고, 길은 다시 글을 낳는다.

반성 및 사색하기 일상의 계획을 스스로 세워 실천하도록 하고, 하루에 정해놓고 조용히 자기를 돌아보는 시간을 갖도록 한다. 자신의 말이나 행동 하나하나에 대해 왜 그런 말이나 행동을 했는지 하루 단위로 꼼꼼히 돌아보도록 한다.

자신의 내면 이해 평소 자신의 감정과 의도, 욕구 등 내면 세계를 잘 이해하도록 한다. 자신이 정말 원하는 것이 무엇인지, 자신의 감정 상태는 어떤지, 기분은 언제 어떻게 달라지는지 스스로 체크해 보도록 한다. EQ 훈련처럼 화가 많이 났을 때, 왜 화가 났는지 얼마나 화가 났는지 어떻게 해소해야 좋을지 곰곰이 생각해 보는 것은 정말 좋은 방법이다. 자신의 장단점에 대해 정확히 이해하고 그 대응 방법을 찾아보도록 하는 것도 필요하다.

진로 계획 및 미래 설계 자신의 적성은 무엇이고, 장차 어떤 분야를 직업으로 택할지 진지하게 고민하도록 한다. 자신의 다중지능에 대해 체크해 보는 것도 하나의 방법이다. 굳이 검사가 아니더라도 부모가 나서서 어린이 박물관 같은 곳에 데려가 자녀의 재능을 탐색하고, 그에 대해 자녀와 진지한 대화를 나누면 충분할 것이다.

자연친화지능을 높이는 법

아이들은 원래 자연에 대한 관심과 호기심이 많다. 그러니 우리 생활 주변에서 쉽게 접할 수 있는 동식물에 대해 깊은 관심을 갖도록 한다. 자연탐사 여행이나 자연박물관 탐사에도 자주 참가한다. 또한 좋아하는 동식물에 대해 노래나 글쓰기 등의 활동을 병행하도록 하면 음악지능과 언어지능을 함께 기를 수 있어서 좋다.

자연 관찰 자연 세계를 다룬 다큐멘터리 등을 함께 보고 대화를 나누어 본다. 자녀와 함께 여행이나 등산을 갈 때 눈에 띄는 생물들을 유심히 관찰하도록 권장하는 것도 좋은 방법이다. 봄, 가을엔 자녀와 함께 산책을 하면서 진달래와 벚꽃, 국화와 쑥부쟁이 등 철마다 피고 지는 꽃들에 대해 개화 시기, 모양, 색깔 등을 세밀히 관찰하도록 한다.

박물관 및 전시회 관람 자연사 박물관이나 전시회(꽃이나 나비 등) 등을 꼼꼼히 챙겼다가 방학이나 주말을 이용하여 자녀와 함께 관람하도록 한다. 관람을 마친 후에는 보고 들은 내용을 관찰일지 등에 기록해 두는 것이 좋다. 중요한 것은 부모의 적극적인 참여와 노력이다. 부모 자신은 자연 관찰에 흥미가 없을지라도 귀찮아 하지 말고 적극 참여해야 한다. 자녀의 질문에 대해서도 마찬가지다. 투자한 만큼 얻을 수 있는 것이 자연친화지능이다.

지금까지 가정에서 부모가 중심이 되어 자녀의 8개 다중지능 각각을 높일 수 있는 여러 방법들을 살펴보았다. 물론 이것 외에도 많은 방법들이 더 있을 테니, 이 책을 읽는 부모들은 위에 제시된 방법을 참고해서 각 가정의 상황이나 형편에 맞는 다양한 방법들을 찾을 수 있을 것이라 본다.

인성도 재능만큼
애정 어린 관찰이 필요하다

    인성이 갖춰지지 않으면 재능은 제대로 발휘될 수 없다. 재능(다중지능)에 대한 이야기는 많이 했다. 이제 인성에 대해 살펴볼 차례이다. 인성의 역할은 크게 두 가지다. 하나는 사회적 존재인 한 개인이 자신의 삶에 만족하는 동시에 남과 어울려서 행복하게 살아가도록 하는 것이고, 다른 하나는 재능을 가진 한 개인이 자기 재능을 충분히 실현하도록 지원하는 것이다. 이 책에서는 재능의 실현을 지원하는 측면에 초점을 맞추고자 한다.

다중지능은 '인성이 포함된 지성'이다

IQ가 '인성과 분리된 지성'이라면, 다중지능은 '인성이 포함된 지성'이라 할 수 있다. 타인의 관점을 이해하고 배려하는 인간친화지능, 자기 자신의 내면을 응시하는 자기성찰지능, 그리고 인간의 존재와 우주, 만남의 문제를 다루는 실존지능은 인성에 관련된 지능이라 할 수 있다.

그런데 인성 자체는 지능이 아니다. 인성 지능이란 것은 인성이 아니라 '인성에 관련된 지능'으로 보아야 한다. 가드너는 기본적으로 인지과학자이고 인지심리학자이기 때문에, 다중지능이 성격·인성·의지·도덕성·주의·동기와는 다른 것임을 강조했다. 지능을 지력(知力)에 관한 것으로 보아 인지적 측면에만 제한한 것이다.

정서지능(EQ)이 정서 자체가 아니라 '정서적인 능력'이듯이, 인성지능은 인성 자체가 아니라 '인성적인 능력'을 뜻한다. 정서나 인성에 능력(Ability)의 측면이 있다는 것이다. EQ를 예로 들면, 화가 났을 때 화라는 감정을 잘 인식하고 통제할 수 있는 능력은 화 자체와는 다른 것이다. 화는 누구나 내지만 그 화를 인식·통제하는 능력은 사람마다 차이가 있고, 그에 따라 삶이 달라진다고 보는 것이다.

이러한 가드너의 관점은 타당해 보인다. 사실 인성에 속하는 집중력·인내심·낙관성과 같은 정서·정의적인 요소들은 지능과는 거리가 멀다. 아는 것이 바로 행동으로 나타나지 않고, 능력이 바로 수행으로 이어지지 않는 것도 이런 요소들이 개입하기 때문이라고 보아야 한다.

154

재능과 인성을 함께 살펴라

이러한 인성은 재능 발현의 기본 토대로서 아주 중요한 역할을 한다는 것이 나의 일관된 시각이다. 부모는 자녀의 인성에 대해서도 재능만큼 큰 관심을 갖고 살펴보아야 한다. **재능과 인성은 인생의 성공과 행복이라는 수레를 이끄는 두 개의 바퀴임을 항상 기억하자.**

인성은 재능이 제대로 발휘되도록 돕는 역할을 한다. 재능이 아무리 뛰어나도 인성이 뒷받침되지 않는 사람은 자기 재능을 제대로 발휘할 수 없다. '인생의 성취'에서 재능과 인성이 상호작용을 하는 것은 '학업의 성취'에서 IQ와 EQ가 상호작용을 하는 것과 같은 이치다. 인생의 성공과 행복에는 재능과 인성이 50 : 50으로 작용한다고 생각한다. 재능에만 매달려서는 안 된다는 말이다.

그런데도, 요즘 다중지능이 꽤 인기를 끌다 보니 다중지능 자체에만 관심을 갖는 학부모들이 많은 것 같아서 안타깝다. 심지어 자녀의 손가락 지문을 보면 다중지능(재능)을 알 수 있다는 황당한 주장에 솔깃해하는 학부모도 있다고 한다.

비범한 성취를 거둔 사람들의 공통적인 특징은 재능과 인성, 이 두 가지 요소를 고루 갖추고 있다는 점이다. 재능만 있고 인성이 결여되면 어느 정도까지는 성취를 이룰 수 있지만 그 이상은 어렵다.

그렇기 때문에 부모는 자녀의 재능과 인성이 모두 제대로 발달되고 있는지 유심히 살펴보아야 한다. 재능만 살피고 그것만 잘 기르면 만사형통이라고 생각하면 안 된다.

재능은 발아기·숙성기·발현기의 세 단계를 거쳐 발달되는데, 재능 탐색은 발아기, 전공 선택은 숙성기, 직업 선택은 발현기에 해당된다고 볼 수 있다.

마찬가지로 인성 역시 재능 발달의 세 단계에 맞추어 발달한다고 볼 수 있다. 재능 탐색기에는 인성의 싹이 트고 틀이 잡히며, 전공 선택기에는 숙성되어 내면화되고, 직업 선택기에는 재능이 특정 직업 분야에서 충분히 발현되도록 뒷받침한다고 볼 수 있다.

◼ 김연아의 인성, 피겨 여왕의 재능을 꽃피운 힘

운동선수 중에서 재능과 인성을 고루 갖춰서 비범한 성취를 보인 모범적인 사례로 김연아 선수를 들고 싶다.

김연아 선수의 인성이 재능 발현을 어떻게 지원했는지 살펴보는 것은 교육적으로 상당한 의미가 있다.

김 선수의 인성을 엿볼 수 있는 아주 좋은 사례가 하나 있는데, 2007년 12월 이탈리아에서 열린 그랑프리 대회의 쇼트 프로그램에서의 일이다. 이 대회에서 김연아는 동갑내기이자 강력한 우승 후보인 일본의 아사다 마오와 자웅을 겨룬다.

아사다 마오가 김연아에 앞서 빙판 위로 올랐는데, 첫 번째 점프에서 실수를 한다. 그는 초반 실수 때문에 마음이 크게 흔들렸고, 그 결과 후속 점프를 포기하는 바람에 최하위에 머물고 만다.

그런데 뒤이어 등장한 김연아 선수도 첫 점프에서 실수를 하지만, 조금도 개의치 않고 다음 점프를 깔끔하게 마무리해서 1위를 하고, 이를 바탕으로 종합 우승을 한다.

피겨 스케이팅의 승패는 '실수 관리'에서 갈린다고 한다. 두 선수는 세계 랭킹 1, 2위로서 실력의 차이는 별로 크지 않을 것이다. 그렇다면 승패를 가른 차이는 무엇일까?

사실 최상위급 선수들에게 기량의 차이는 종이 한 장이라고 본다면, 결국 '실수 관리 능력'이 승부를 가른다고 볼 수 있다. 축구로 말하자면 최선의 수비가 최상의 공격이라는 논리와 비슷하다.

운동선수도 인간인 이상, 실수는 하게 마련이다. 그러나 실수를 한 바로 그 다음이 중요하다. 실수에 대한 대응 능력은 사람마다 다르고, 바로 그것 때문에 재능의 실현이 달라지고 인생도 달라진다고 보면 된다.

이러한 실수 관리에 보탬이 되는 인성으로는 침착성이나 집중력을 들 수 있다. 똑같은 실수를 범했지만, 김연아 선수는 '실수하면서 배운다'는 마음으로 평정심을 잃지 않아서 실수는 한 번에 그쳤고, 그렇지 못한 아사다 마오는 연달아 실수를 하게 된다.

김연아 선수가 경기를 하는 장면을 보면, 19세 소녀의 내면세계가 어찌 저리도 단단하고 튼튼한지 감탄을 금할 수 없다. 국내는 물론 전 세계 시청자의 시선이 집중된 큰 경기의 중압감을 이겨내고, 설령 실수를 하더라도 금세 극복하는 내면의 힘에 감탄사를 연발하게 된다.

결과에 대한 집착이 없어서 그런 순수함과 초연함이 나왔는지, 순수함과 초연함이 결과에 대한 집착을 없앴는지, 인과의 선후 관계는 명확하지 않지만 상관관계는 분명해 보인다. 결과에 대한 집착에서 벗어나 과정에 충실했던 것이 대기록 수립의 원천이었구나 하는 생각이 절로 드는 것이다. 내면의 깊이가 성취의 높이를 더한 것이다.

그런 인성이 있었기에 경기 과정에의 완전한 몰입이 가능했을 것이다. 결과에 얽매이게 되면 몰입은 불가능하고, 그런 심리적 부담감은 재능 실현 과정에서 집중력을 저해하는 요소로 작용하게 마련이다. 집착은 일을 그르치는 나쁜 속성이 있기 때문이다.

한마디로 말해, 승리에 달관하지 않으면 승리는 불가능하다. '승리(결과)를 생각하지 말아야 승리할 수 있다'는 말은 심리적 요인이 큰 영향을 미치는 스포츠를 비롯한 모든 분야에 두루 통하는 진리인데, 아사다 마오의 경우도 한 예가 된다.

그 해, 러시아 대회에서 종합 우승을 거둔 김연아 선수는 경기가 끝나 점수를 확인한 직후, "생각보다 너무 높은 점수를 받은 것 같다"는 말로 사람들을 다시 한 번 감탄케 한다. 유력한 우승 후보가 도대체 기대 수준을 얼마나 낮췄기에 그런 말을 했을까?

그런데 같은 날 경기를 마친 아사다 마오는 "나는 완벽했고, 그리고 행복하다"고 말했다. 이 말을 뒤집어 보면, 완벽하지 않았다면 행복하지 않았을 것이라는 얘기 아닌가. 이것은 결과에 대한 집착이고, 이런 집착은 경기 긴장감을 높여서 자기 능력을 제대로 발휘하지 못하게 하는 요인으로 작용한다.

두 라이벌의 말을 보면 서로 다른 그들의 내면세계를 가늠할 수 있다. 두 사람 중 누가 더 긴장감이 컸을지, 그것이 경기에 어떤 영향을 미쳤을지 쉽게 짐작이 간다.

재능도 중요하지만 그에 못지않게 인성도 중요하다는 뜻이다.

재능 없는 인성은 무기력하고, 인성 없는 재능은 위험하다

인생을 살아가다 보면 자기 뜻대로 되지 않는 경우가 많다. 시련과 역경에 처할 때도 적지 않다. 그런데 시련과 역경은 어떤 사람에게는 발전을 위한 비상구가 되고, 어떤 사람에게는 타락으로 향하는 탈출구가 된다.

원인은 같은데 결과는 너무도 다르지 않은가. 정말 신기한 일이다. 도대체 왜 그런 차이가 생기는 것일까? 나는 그 답이 바로 인성의 차이라고 본다.

물론 외부 환경 같은 변수들도 영향을 미쳤을 것이다. 하지만 그런 변수들을 모두 살펴보는 것은 불가능하고, 살펴본다 한들 우리 힘으로 통제하기 어렵기 때문에 무의미하다.

그러나 인성은 내적 요소라서 분석도 가능하고 통제도 가능하다. 강한 인성은 웬만한 환경적 제약 요인들을 상쇄할 만한 힘을 갖는다. 그래서 나는 외부 환경보다는 인성에 더 주목하는 것이다.

그렇다면 인성과 재능의 관계는 무엇일까? 인성은 재능이 제대로 발휘되도록 하는 인프라 즉, 기본 토대가 된다. 재능과 인성의 관계를 그림으로 나타내면 더욱 명확해진다.

재능은 능력(Ability)이어서 수행(Performance)과는 다르다. 재능(능력)이 있다는 것과 그것이 실제로 발휘되는 것은 차원이 다르다는 말이다.

이를테면 천리마가 있다고 하자. 천리마는 하루에 천리를 달릴 수 있는 능력을 갖고 있다. 하지만 그 능력이 발휘되지 않으면 아무 소용이 없다. 재능(능력)을 발휘하도록 하는 힘이 바로 인성이라고 보면 된다.

IQ와 EQ의 관계도 마찬가지다. IQ가 높다는 것은 공부를 잘할 수 있는 '가능성'이 있음을 뜻한다. EQ는 IQ를 잘 활용할 수 있는 능력이다. 위의 '천리마 비유'로 본다면 말이 실제로 자기 능력을 최대한 발휘해서 하루에 천리를 달릴 수 있도록 만드는 기수가 바로 EQ라고 할 수 있겠다.

이처럼 IQ와 EQ는 상반되는 게 아니라 서로 보완적인 역할을 한다.

IQ　EQ　학업성취 성적 향상

IQ가 높다는 것은 지적 능력, 특히 논리수학적인 능력이 뛰어난 것인데, EQ가 갖춰지지 않으면 이 능력을 실제로 발휘하기 어려워지기 때문이다. 머리는 좋지만 그걸 제대로 활용하지 못하는 학생이 우리 주변에 얼마나 많은가.

그런데 IQ와 EQ가 서로 대립적이지 않고 보완적인 관계에 있듯이, 재능과 인성의 관계도 마찬가지다. 인성의 인도를 받지 못하는 재능은 어디로 가야할지 방향을 모르는 것이고, 재능의 뒷받침을 받지 못하는 인성은 어떻게 가야할지 방법을 모르는 것이다. 그래서 재능이 결여된 인성은 무기력하고, 인성이 결여된 재능은 무용(無用)하거나 때론 위험하다.

인성은 재능실현의 바탕이 될 뿐 아니라, 인생을 행복하게 살아가는 데도 필수적이다. 자기 자신에 대해, 타인에 대해, 그리고 세상의 모든 일이나 외부 환경에 대해 건강한 마음과 관점을 갖지 못하면 재능실현은 차치하고 인생의 행복 자체가 불가능해진다.

인성은 재능 탐색기인 어린 시절부터 제대로 길러져야 한다. 그런데 인성을 기르는 데는 학교보다는 가정이 더 적절하다. 부모의 역할이 중요해지는 것이다.

'될 성 부른 나무는 떡잎부터 알아본다'는 말이 있다. 어린 시절이 중요하다는 말인데, '재능의 떡잎'도 중요하지만 '인성의 떡잎'은 그것보다 더 중요한 것임을 가슴에 새기고 자녀가 어릴 때부터 유심히 살펴야 한다.

재능 없는 인성은 무기력할 뿐이지만, 인성 없는 재능은 위험하기 때문이다.

재능을 꽃피우는 핵심적 인성, CEO—M

인성의 종류는 다양하지만 그 가운데 재능 발현에 필요한 인성을 나름대로 고심한 결과, 집중력, 인내심, 낙관성, 도덕성 등 네 가지로 정하였다. 이러한 선택은 나 자신이 50년간 살고, 20년간 아이를 기르고, 10년간 학생들을 가르친 경험을 바탕으로 한 것이다.

그런데 집중력, 인내심, 낙관성은 정서지능(EQ)의 하위 영역인 자기동기화 능력(Self-Motivation)에도 해당된다. 자기동기화 능력이란 사람이 살아가다 어려움에 처했을 때 심기일전하여 이를 극복할 수 있는 능력을 말한다. 이 능력이 중요한 것은 인생이 우리 뜻대로 우리 마음대로 되지 않아서, 살다보면 실패를 경험하거나 난관에 부딪힐 때가 한두 번이 아니기 때문이다.

한편 도덕성은 자기동기화 능력에는 해당되지 않지만 사회적 존재인 한 개인이 어디서 어떤 일을 하는 기본이 되는 특성이다. 도덕적으로 문제가 있으면 재능이 아무리 뛰어나도 아무 소용이 없기 때문이다. 아니 해악을 끼칠 수도 있기 때문이다. 그래서 가드너는 도덕적인 능력을 다중지능에는 포함시키지 않았지만 그 중요성을 누구보다도 더 강조하였다.

마침, 집중력의 영문 이니셜 C(Concentration), 인내심의 E(Endurance), 낙관성의 O(Optimism)를 한데 모으면 CEO가 되고, 여기에다 도덕성의 M(Morality)까지 합하면 CEO-M이 된다. 특히 도덕성 M은 훨씬 더 중요한 인성임을 강조하기 위해 하이픈(-)을 넣어 떼어놓았다.

우리 자녀들의 재능이 '충분히' 발휘되기 바란다면 CEO를 기억하고, '바르게' 발휘되기를 바란다면 M을 기억하자. 그리고 '충분하면서도 바르게' 발휘되기를 바란다면 CEO-M을 함께 기억하자.

집중력,
과제에 몰입할 수 있는
내적인 힘

재능 발현의 토대가 되는 첫 번째 인성은 집중력인데, CEO-M 중의 C에 해당하는 인성이다. 그런데 집중력이 재능실현에서 왜 중요한지 생각해 보자.

앞서도 말했지만 재능이 있다는 것과 그것이 실제로 발현되는 것은 다르다. 재능은 능력인데, 능력은 어디까지나 하나의 가능성 뿐이기 때문이다.

재능(능력)이 현실 세계에서 구체적으로 실현되는 과정에는 예기치 못한 어려움이 생길 수 있다. 또한 어릴 적의 재능이 잘 숙성되어 한 분야의 직업인이나 전문가가 되기까지는 무수한 시간이 소요된다. 바로 이러한 난관과 시간의 늪을 헤쳐가는 데 집중력이 필요한 것이다.

'10년 법칙(The 10-years rule)'이라는 게 있다. 스웨덴 스톡홀름 대학의 앤더스 에릭슨(Anders Ericsson) 교수의 용어인데, 한 사람이 어떤 분야의 전문가가 되는 데는 적어도 10년 정도의 준비 기간이 필요하다는 것이다. 그만큼 노력과 집중이 필요하다는 말이다.

에디슨은 전구를 만들 때 2천 번의 실험 끝에 성공했고 퀴리부인은 천 번의 실험을 거친 후에 라듐을 발견했다고 한다. 게다가 에디슨은 젊은 시절에는 하루 20시간씩, 나이 들어서는 하루 16시간씩 연구에 몰두했고 필라멘트를 구하기 위해 6천 종의 식물을 연구했다고 한다.

로마는 하루아침에 이뤄진 게 아니고, 한 마리의 제비가 봄을 가져다주는 것도 아니다. 또한 한 그루 대나무는 오랜 시간 캄캄한 땅 속에서 숨을 고르다가 5년째 되는 봄에 비로소 세상에 고개를 내밀고, 한 포기 인삼은 땅 속에서 무려 5년을 숨죽이고 기다려야 비로소 제 모습을 갖춘다.

이와 마찬가지로 재능의 실현에도 오랜 숙성 기간이 필요하다. 그런 기나긴 인고의 날들을 견디자면 인내심(E)도 있어야 하고 집중력(C)도 있어야 한다. 재능 하나만 있으면 된다는 것은 너무 안이한 발상이다. 그러니 부모는 자녀의 재능(지능)만 살필 것이 아니라 인성, 특히 집중력까지 세심히 살펴야 한다.

자녀의 집중력, 특히 주의집중력을 높이는 방법에는 여러 가지가 있다. 방학 때마다 문화센터에서 주관하는 전문적 프로그램에 참여하는 것도 좋은 방법이다.

수동적 집중보다 능동적 집중을!

대부분의 아이들은 공부보다는 컴퓨터 게임을 할 때 더 열심히 한다. 집중을 더 잘한다는 말이다. 왜 그럴까? 자기가 하고 싶은 것이기 때문이다.

사람은 누구든 자기가 하고싶어 하는 일을 할 때는 저절로 집중하게 마련이다. 이를 능동적 집중이라고 하는데, 몰입은 바로 이러한 능동적 집중의 일종이라고 할 수 있겠다.

수동적 집중은 아이들이 하기 싫은 공부를 억지로 할 때처럼 인위적인 노력에 의해 이뤄지는 집중이라 할 수 있다. 그러니, 하고 싶은 것을 자발적으로 할 때는 능동적 집중이 되고, 하고 싶지 않은 것을 억지로 할 때는 수동적 집중이 된다고 보면 된다.

그렇다면 수동적 집중을 능동적 집중으로 바꾸는 방법은 없을까? 다시 말해, 아이들이 공부나 과제를 놀이나 게임을 할 때처럼 재미있게 할수 있는 방법은 없을까?

어린 자녀들에게 공부나 과제는 게임이나 놀이만큼 흥미로운 대상이 아니다. 공부나 과제는 미래를 위한 준비라서 나중에 만족감을 얻지만, 게임이나 놀이는 지금 당장 만족감을 주기 때문이다. 그러니 딱딱한 공부나 과제를 재미있는 게임이나 놀이처럼 할 수만 있다면 문제는 다 풀릴 것이다. 그런 방법은 과연 있을까?

유감스럽게도 그런 방법은 없다. 하지만 공부나 과제를 '최대한' 게임이나 놀이만큼 열심히, 재미있게 하도록 만드는 방법은 있다. 교육학이나 심리학 쪽에선 아이들의 수동적 집중을 '최대한' 능동적 집중으로 변화시키기 위해 많은 연구를 했고, 많은 이론과 개념들을 내놓았다.

학령기 아동의 집중력에 관련해서 눈여겨 볼 만한 발달이론이 하나 있다. 에릭슨(E. Erikson)의 발달이론인데, 그 이론에 의하면 아동기의 주요 발달과제는 근면성(Industry)의 획득이다. 이 시기의 아동은 자신의 과제를 제 힘으로 완수하고 싶은 심리가 있는데, 이것이 바로 근면성이고 달리 말하면 집중력이다.

아이들은 과제를 제 힘으로 마무리하고 나면 가슴이 뿌듯해질 것이다. 이러한 성공 경험은 자존감과 자신감의 형성에 결정적인 역할을 한다. 그렇게 되면 과제에 대한 집중력도 당연히 높아진다. 이처럼 어린 시절에 획득된 과제 집중력은 나중에 성인이 되어 직업을 가졌을 때 자신의 직업이나 직무에 대한 집중력으로 나타날 것이다.

학령기 아동을 자녀로 둔 부모가 자녀의 과제 집중력을 높이기 위해 유의해야 할 사항 몇 가지를 정리하면 다음과 같다.

첫째, 아이가 제 힘으로 해결할 만한 난이도의 과제를 제공한다. 과제가 너무 어려우면 아이는 포기할 것이고, 너무 쉬우면 성취감이 손상될 테니 아이의 현재 수준보다 약간 어려운 '+1 수준'의 과제를 주는 것이 좋다.

둘째, 일단 하나의 과제를 시작했으면 끝까지 마무리하는 습관을 기르도록 한다. 그래야만 성공 경험을 얻어 다음 과제의 수행에 더욱 집중하고, 그래서 다시 성공 경험을 갖는 '선순환'이 가능해질 것이다. 이를테면,

아이가 퍼즐 놀이에 집중해 있을 때 어머니는 식사 시간이 되어도 아이가 그걸 마무리할 때까지 기다려 줄 수 있는 인내와 배려가 필수적이다.

셋째, 아이에게 여러 가지 과제를 한꺼번에 주지 말고 현재 하고 있는 과제가 마무리된 다음에 새로운 과제를 준다. 아이들은 과제가 너무 많으면 흥미를 잃고 산만해지기 쉽다. 그렇게 되면 집중력은 당연히 떨어진다.

결과에 대한 집착보다 과정에 대한 애착을!

집중과 집착은 다르다. 집중은 '과정에 대한 애착'이고, 집착은 '결과에 대한 애착'이다. 결과에 대한 애착에 빠지면 과정에 대한 애착은 절대로 얻을 수 없다.

그러니 자녀들이 결과에 대한 애착(집착)에서 벗어나서 과정에 대한 애착을 갖도록 해야 한다. 과제 수행에서든 재능실현에서든, 최선을 다해 노력하는 과정 자체가 인생에서 의미가 있음을 깨닫고 그 과정 자체를 즐길 수 있도록 해야 한다. 그래야만 집착이 아닌 집중이 가능해지고, 자신의 재능을 더 잘 발휘하여 더 나은 성취가 가능해지기 때문이다.

마라톤에서 기록을 따지면 결과에 집착하는 것이다. 하지만 기록보다는 완주 자체를 목표로 삼고 달리면 과정에 몰입할 수 있게 된다. 어느 것이 우리 인생에 더 보탬이 되고 즐거움과 행복을 줄지는 더 이상 말할 필요가 없을 것이다.

그렇다면 결과에 대한 집착은 왜 집중력을 떨어뜨리는가? 누구든 결과에 매달리게 되면 지나치게 긴장하게 마련인데, 과제 수행에서 일정 수준의 긴장감은 필요하지만 그 이상의 긴장감은 바람직하지 않다. 그런 집착이 없으면 긴장감이 줄어들고, 그렇게 되면 자신의 능력을 더 잘 발휘할 수 있게 된다. '결과에 대한 집착'에서 벗어나야만 '과정에 대한 애착'이 생겨나고, 그래야만 진정한 집중이 가능해진다.

어린 아이의 집중력 향상에는 부모 등 주위 사람들의 칭찬이 효과적이다. 칭찬을 할 때 중요한 것은 자녀가 노력한 과정에 대해 칭찬을 해야지 결과(성과)에 대해서만 칭찬하면 절대 안 된다는 점이다. 결과에 대한 칭찬은 결과에 대한 집착을 낳게 마련이고, 그렇게 되면 아사다 마오의 경우처럼 긴장감이 높아져서 자기 능력을 제대로 발휘하지 못하게 되기 때문이다.

주위 집중보다 주의 집중을!

집중력이란 결국 주의 집중력이 아닐까 싶다. 어떤 과제를 수행할 때 그 과제에만 자신의 모든 주의력을 집중시켜야만 좋은 성과를 거둘 수 있는 것이다.

집중력은 환경적 영향도 받고 심리적 영향도 받는다. 환경적 영향이란 과제에 집중할 수 있는 물리적인 조건이 어떤가를 말하고, 심리적 영향은 아이들의 동기유발이 어떠한지를 말한다. 앞서 수동적 집중과 능동적 집중을 비교한 부분은 심리적 영향에 해당한다고 볼 수 있겠다.

그런데 집중력이 발휘되는 데는 아이들마다 환경과 심리가 각기 다른 영향을 미친다. 주변이 잘 정돈되어 있어야만 집중이 잘 되는 아이가 있는가 하면, 주변 상황에 전혀 개의치 않는 아이도 있다.

보통 아이들은 주변이 잘 정돈되어 있어야 공부에 쉽게 집중할 수 있다. 그런데 창의성이나 상상력이 뛰어난 아이들은 정리정돈과는 거리가 멀다. 정리정돈은 일상 주변의 단순화나 규격화를 의미하기 때문이다.

그들이 상상과 창의의 날개를 한껏 펼치는 데는 말끔하게 정돈되고 깔끔하게 통제된 일상적 공간보다는 모든 것들이 있는 그대로 한껏 펼쳐져 있는 자연적 공간이 더 적합할 수도 있기 때문이다.

그러니 부모는 자녀의 주위가 산만한지 주의가 산만한지 잘 살펴보고 대처해야 한다.

인내심,
보다 나은 미래를 여는 창

인내심은 우리가 무슨 일을 하든 성취 여부를 결정하는 데 대단히 중요한 역할을 한다. 인내심도 다른 인성들처럼 노력에 의해 충분히 길러질 수 있는 인성 중 하나다. 물론 어릴 적부터 힘든 일을 참고 이겨내는 훈련을 받아야 한다.

마라톤을 시작할 때 처음부터 풀코스에 도전하면 안 된다. 전 구간을 몇 단계로 나누어 한 단계씩 나아가는 것이 좋다. 이처럼 힘든 과정을 거쳐 성취의 보람을 얻고, 그 보람이 다시 더 큰 인내와 성취로 이어질 수 있도록 하는 단계적 훈련이 효과적일 것이다.

■ 맨체스터의 수도승, 박지성

뛰어난 재능이 훌륭한 인성의 지원을 받아 탁월한 성과를 낸 가장 좋은 사례로 나는 박지성 선수를 드는 데 조금도 주저함이 없다. 그의 성실성과 인내심은 누구나 혀를 내두를 정도다. 크지 않은 신장과 체격에다 축구 선수로서는 치명적인 약점인 평발까지 지닌 그가 축구의 본고장인 유럽 무대를 휘젓고 다니는 데는 그럴 만한 원인이 있었다. 재능 하나만으로는 절대로 설명할 수 없는 부분이다.

네덜란드 프로팀에 가 있을 때 찾아간 기자에게 그는 "축구 교도소에 와 있다"고 말한 적이 있다. 그 이후 영국에 건너갔을 때는 '맨체스터의 수도승'으로 불릴 정도로 축구에 전념했다. 교도소에서 수도승처럼 축구를 했으니 결과야 뻔하지 않겠는가. 아니 땐 굴뚝에 연기가 날 리 없고, 노력과 준비가 없는 행운은 없는 법이다.

그런 그였기에 2007년 불의의 부상을 당했을 때도, 국내 축구팬 모두의 기대와 소망대로 장장 9개월에 걸친 치료와 재활 과정을 무사히 마치고 다시 꿈의 구장인 올드 트래프트에 나타날 수 있었다.

운동선수의 재활 과정은 육체적으로 대단히 고통스럽다고 한다. 그런데다, "완전히 회복되어 그라운드에 다시 설 수 있을까? 다시 다치면 어떡하나? 내가 없는 사이에 누가 내 자리를 꿰어차면 어쩌나?" 하는 심리적 압박 또한 상상을 초월할 것이다.

그러나 맨체스터의 수도승, 박지성은 이 모든 것을 꾹 참고 재활을 마쳤고, 덕분에 예상보다 빨리 그라운드로 돌아올 수 있었다.

인내심이라는 자기동기화 능력은 오늘의 박지성을 있게 한 기본 인프라다. 그의 강점 지능인 신체운동지능이 최대한 발현되도록 하는 토대의 역할을 훌륭하게 수행한 것이다.

한 사람이 어떤 분야를 숙달하는 데는 10년이 걸리고, 그 분야를 변화시킬 만큼 창조적인 작품을 내는 데는 그 이후 10년, 그래서 총 20년이 걸린다고 한다. 우리 딸은 연극에 입문한지 1년도 안 되어 당선되었으니, 여기에도 개인차는 있다고 보아야 하지만 말이다.

이처럼 인간의 모든 성취에는 오랜 준비와 숙성의 기간이 필요한데, 인내심이 없으면 그런 과정을 꾹 참고 견뎌 뚜렷한 성과를 내기 어렵다.

마시멜로우 이야기

인내심은 심리학 용어로 말하면 만족지연 능력(Delay of Gratification)이다. 나중에 얻게 될 보다 큰 만족을 위해 지금 현재의 작은 만족을 참을 수 있는 능력이다.

마시멜로우 실험이라는 게 있다. 인내심을 다룬 실험으로 〈마시멜로우 이야기〉라는 책도 있어서 꽤 유명해진 실험이지만, 워낙 중요하고 의미가 있어 다시 한 번 이야기해 보고자 한다.

미국에서 4살짜리 꼬마들에게 선생님이 마시멜로우를 하나씩 나눠주고 나서, 15분간 참는 사람에겐 하나를 더 준다고 했다. 냉큼 삼킨 아이도 있었고, 끝까지 참는 아이도 있었다. 참는 방식은 춤을 춘다거나 노래를 흥얼거리는 등 제각각이었다.

그런데 십여 년 세월이 흘러 그들이 성장했을 때 두 집단을 비교해 보니 상당한 차이가 있었다. 유혹에 굴복했던 아이들은 고집이 세고 작은 일에도 쉽게 좌절하고 친구들과도 잘 어울리지 못했다. 하지만 유혹을 이겨낸 아이들은 정반대였다. 매사에 긍정적이었고 주변 사람들로부터 호감과 인정을 받았다. 고교 성적도 훨씬 더 좋았고 미국 수능시험인 SAT에서도 높은 점수를 받았다고 한다.

이런 결과만 봐도, 인생의 행복과 성공을 결정하는 것은 IQ가 아니라 EQ(인내심은 EQ의 한 요소인 자기동기화 능력이기도 함)이고 재능이 아니라 인성임을 알 수 있다. 이것은 전통 지능(IQ)과는 아무 관계가 없고, 다중지능(재능)과도 전혀 관련이 없다. 인성과 지능(재능)은 엄연히 다른 특성이기 때문이다.

낙관성,
매사를 긍정적으로 보는 습관

기자 : 700번이나 실패한 기분이 어떠십니까?

에디슨 : 나는 한 번도 실패한 적이 없어요. 단지 700가지 방법이 효과
　　　가 없다는 사실을 알았을 뿐이지요.

에디슨이 전구를 발명하기까지 700번 실험을 했는데도 별 성과가 없
자 어느 날 뉴욕타임즈 기자가 짓궂은 질문을 했는데, 에디슨은 이처럼
감동적인 대답을 했다고 한다. 그는 출중한 발명 능력에다 삶을 긍정적
으로 보는 능력까지 뛰어난 덕분에 세계 최고의 발명가가 될 수 있었다.

매번 실패할 때마다 실패한 것이 아니라 잘못된 방법 하나씩을 가려낸

것이라고 생각했다니 감탄할 만하다. 그러니 2천 번 실패가 아니라 2천 번의 단계를 거쳐 전구를 발명한 것이다.

그에게 실패는 더 이상 실패가 아니라 성공으로 가는 과정이었다. 그래서 성공의 어머니가 될 수 있었다. 실패를 실패로 보는 것, 그것이 바로 진짜 실패임은 에디슨의 고귀한 생애가 우리에게 전하는 값진 교훈이다.

낙관성도 다른 인성들처럼 노력하면 변화의 폭이 비교적 큰 개인적 특성이다. 미국에서 10살 아이들에게 낙관적으로 사고하는 방법을 가르쳤더니 그들이 사춘기 때 우울증에 걸릴 확률이 절반으로 줄어들었다는 연구 결과도 있다.

아니, 굳이 이런 실험 결과가 없어도 좋다. 상식적으로 봐도 우리가 무슨 일을 하든 그것이 이뤄질 것이라 생각하면 실제로 이뤄질 가능성이 커지지 않는가. 그러니 우리 아이들이 매사를 긍정적으로 보는 습관을 들인다면 재능실현에도 큰 도움이 될 것이다.

■ 셀리그만의 낙관성 검사

사람은 누구든 실패를 겪게 마련인데 실패를 했을 때 대응 방식은 크게 두 가지일 것이다. 물론 이 두 가지는 전혀 다른 결과를 낳는다.

하나는 실패의 원인을 장기적이고 변화 불가능한 데 두는 유형이다. 그런 사람은 중요한 시험에서 낙방했다면 능력의 한계 때문이라고 생각한다. 이처럼 실패의 원인을 영속적이고 변화 불가능한 데 두는 사람은 다음에 기회가 와도 노력하지 않을 것이다. 이미 낙방을 예상하고 있기 때문이다.

다른 하나는 실패의 원인을 일시적이고 가변적인 데 두는 유형이다. 그런 유형의 사람은 시험에 떨어졌을 때 '하필 그날 내 컨디션이 나빴어'라고 생각한다. 그래서 다음 기회에 열심히 노력할 것이다. 컨디션은 수시로 변하기 때문이다.

바로 이런 점에 착안하여 미국의 셀리그만(Martin Seligman)이라는 심리학자는 낙관성 검사를 만들었다. 귀인(歸因), 즉 실패의 원인을 어디에 두느냐를 따지는 것이다.

미국의 대표적인 보험회사인 메트로폴리탄 생명보험회사는 이 검사의 덕을 톡톡히 본 케이스다. 이 회사는 종전에는 성적이나 학벌 같은 전통적인 기준으로 영업사원을 뽑았는데 결과는 영 신통치 않았다. 4년 이내에 $\frac{4}{5}$가 버티지 못하고 그만 둔 것이다. 그러나 셀리그만의 검사지를 써서 낙관성이 높은 사람을 뽑으니 1년이 지나도 한 명도 나가지 않았고, 생산성도 높아졌다는 것이다.

낙관성 검사가 정말로 빛을 발한 것은 88서울올림픽 때의 일이다. 미국의 수영선수 매트 비욘디(Matt Biondi)는 수영 7관왕 후보였지만 정작 올림픽이 시작되자마자 처음 두 종목에서 겨우 본선에 올랐을 뿐 메달과는 거리가 멀었다.

이런 뜻밖의 상황을 만나면 보통 사람들은 좌절해서 다음 경기를 포기할 수도 있을 것이다. 그런데 비욘디는 달랐다. 심기일전해서 남은

다 중 지 능 혁 명

5종목에서 연달아 금메달을 딴 것이다. 그가 처음 두 종목에서 부진을 보일 것을 예상치 못했듯이, 남은 5개 종목 모두에서 금메달을 따리라는 것도 아무도 예상치 못했다. 마침 비욘디는 올림픽 직전에 낙관성 검사를 받았는데, 동료보다 월등히 높은 수치가 나왔다고 한다.

살아가다 보면 누구든 난관에 봉착할 때도 있고 실패를 경험할 때도 있다. 그것은 누구에게나 공통적으로 일어나는 일이다. 그런데 문제는 그 다음이다. 난관과 실패를 받아들이는 방식은 사람마다 다르고, 바로 이것이 인생의 결정적인 변수가 된다는 것이다. 메트로폴리탄 보험회사나 매트 비욘디의 경우를 보면 낙관성이 재능실현에 얼마나 중요한 변수인지 쉽게 알 수 있다.

결과의 낙관성인가, 과정의 낙관성인가?

앞서 집중력을 다룬 글에서 결과에 대한 집착과 과정에 대한 애착을 구별해서 말했는데, 낙관성에 대해서도 마찬가지다. 낙관성도 결과의 낙관성과 과정의 낙관성, 두 가지로 나눌 수 있다고 본다.

나의 예를 들면 '과정의 낙관성'이라 할 수 있다. 반드시 무엇이 되어야 한다는 것이 아니라, '주어진 여건에서 열심히 노력하되 안 되어도 괜찮다, 안 되면 그만이다'는 낙관성이었다.

꼭 무엇이 되어야 하고 반드시 어떤 것이 이뤄져야 한다고 결과에 집착하게 되면 집중력도 낙관성도 다 잃어버릴 수 있다. 그러나 주어진 현실 속에서 최선을 다해 열심히 노력하는 과정 자체가 바로 인생의 성공이고 행복이라고 볼 수 있다면, 우리는 누구나 낙관론자가 되지 않을 수 없다. 이루고 이루지 못하는 결과는 우리 각자의 통제권 밖이지만, 최선을 다해 노력하는 과정은 누구나 할 수 있는 것이기 때문이다.

그런데 이것은 말로는 쉽지만 실천하기는 참 어렵다. 몇 해 전 큰딸 지현이가 수능을 몇 달 앞둔 중요한 시기에 둘이서 남한강변을 걸으며 대화를 나눈 적이 있다. 인생의 목표에 관한 대화였다.

지현이는 자기가 좋아하고 원해야만 열심히 하지 남의 강요나 필요에 의해서는 절대로 움직이지 않는 특성을 갖고 있다. 그러니 수능 공부도 '올인'이 아니라 '즐기면서 하는' 정도였다. 그래서 인생의 목표가 뚜렷해지면 학습 동기도 더 높아질 것이라는 단순한 생각에서 딸과 인생의 목표에 대한 대화를 한번 시도한 것이다.

아빠 : 지현아, 너의 인생 목표는 뭐니? 장차 뭐가 되겠다는 계획은 도대체 없는 거니?

지현 : 저는 '무엇'이 목표가 아니라 '어떻게'가 목표예요. 인생의 목표 같은 거창한 표현은 쓰지 마세요. 저는 좋아하는 일을 열심히 하겠다는 목표는 있지만, 장차 꼭 무엇이 되어야 한다는 목표는 없어요.

딸의 이 한마디는 내게 날카로운 비수처럼 다가왔다. 인생의 목표는

다 중 지 능 혁 명

'어떻게'보다는 '무엇'에 해당하는 것이니 자칫하면 과정이 아니라 결과에 대한 집착을 낳을 수 있다는 논리였다.

　나는 지금도 그 날의 대화를 곰곰이 돌이켜 본다. 내가 남에게는, 그리고 나 자신에게는 인생에서 중요한 것은 결과가 아니라 과정이라고 그토록 외쳐대고선 정작 내 딸에게는 '꼭 무엇이 되라'는 식으로 결과를 강요한 것은 아닌지 하고 말이다.

　진정한 낙관성은 결과의 낙관성이 아니라 과정의 낙관성이라고 본다. 우리는 우리 자녀들이 결과보다는 과정에 더욱 가치를 두고 집중하도록 해야 한다. 꼭 무엇이 되어야 한다든가, 어떤 것을 반드시 이뤄야 한다는 것보다는 최선을 다해 노력하는 과정을 더 중시하도록 이끌어야 하고, 우리 자신도 그렇게 살아야 한다.

　그렇지 않은 한, 부모에게든 자녀에게든 인생의 진정한 행복과 성공은 있을 수 없기 때문이다. 결과에 얽매이게 되면 우리 인생에서 여유, 집중(몰입), 낙관, 희망, 이 모든 것은 사라져 버리기 때문이다.

도덕성,
재능을 바른 길로 이끄는 등불

지금까지 재능의 발휘에 영향을 미치는 인성인 CEO, 즉 집중력(C)과 인내심(E), 낙관성(O)에 대해 말했다. 그런데 이 모든 것을 완성시키는 또 다른 덕목, 도덕성도 있다. 도덕성은 재능이 올바르게 발휘되도록 하는 데 결정적인 역할을 하는 인성이다. CEO-M 중의 M이다.

도덕성이 없는 사람에게는 차라리 재능이 없는 게 더 나을 수 있다고 나는 생각한다. 재능은 있는데 도덕성이 결여된 사람은 남에게 피해를 줄 수 있기 때문이다. 그러니 도덕성과 재능 둘 다 부족한 경우보다는 도덕성이 없는 재능이 최악의 경우라고 볼 수 있는 것이다.

그런데 지능이나 재능 자체는 도덕적인 성격을 지니지 않는다. 도덕의 문제는 재능(지능)이 사회적으로 어떻게 활용되느냐에 따라 발생한다. 도덕이나 윤리는 철저하게 '사회적인' 성격을 지니기 때문이다.

그렇다, 로빈슨 크루소처럼 외딴섬에 혼자 살면 도덕의 문제는 생기지 않는다. 그러나 그 섬에 또 다른 사람이 와서 같이 산다면 상황은 달라진다. 사회적인(Social) 관계가 형성되기 때문에 도덕적인 상황이 되는 것이다.

노벨의 경우도 마찬가지였다. 그가 다이나마이트를 개발한 것은 니트로글리세린과 규조토를 합치면 다이나마이트가 된다는 하나의 자연적 사실(Fact)을 발견한 것에 지나지 않는다. 그런데 사람들은 그 발명품을 평화가 아닌 전쟁을 위해서 더 많이 썼다. 바로 이럴 때 도덕의 문제가 생기는 것이고, 노벨을 그것을 괴로워한 나머지 수익금을 털어 노벨상을 만든 것이다.

지능이나 재능은 '자연적인 사실'의 문제이지만, 도덕은 '사회적인 당위'의 문제라는 말이다. 그런데, 인간의 모든 행위나 성취는 결국은 사회라는 울타리를 벗어나지 못하기 때문에, 도덕과 윤리는 무시할 수 없는 존재가 된다. 과학자도 사회적 진공 속이 아니라 특정 사회 속에서 살아가는 사람이기에 그 문제로부터 완전히 자유로울 수는 없는 것이다.

히틀러와 킹 목사

아돌프 히틀러와 마틴 루터 킹 목사는 둘 다 언어지능이 매우 높았다. 그리고 자신의 동기와 신념에 따라 일관된 생애를 살았으니 자기성찰지능도 높다는 공통점이 있다. 그런데 삶은 전혀 달랐다. 재능은 같은데 삶은 완전히 달랐던 것이다.

그런 차이가 생긴 원인은 무엇인가? 그것은 지능(재능)이 아닌 다른 요소, 즉 도덕성이 작용한 결과라고 보아야 한다.

바로 이 도덕성의 차이 때문에 히틀러는 자신의 재능을 전쟁을 일으켜 수천만 명의 무고한 인명을 살상하는 데 썼고, 킹 목사는 길이 세인의 가슴을 울리는 명연설을 남겨서 흑인 인권운동의 새 장을 열었던 것이다.

돌격대여, 친위대여! 위대한 시간은 시작되어 독일은 이제 눈을 떴습니다. 우리는 독일의 힘을 얻었으며 이제 독일 국민을 설득해야 합니다. 저는 알고 있습니다, 동지들이여! 고난의 시간들이 계속될 것임을…, 그러니 몇 번이든 외치지 않으면 안 됩니다. 투쟁을 계속하지 않으면 안 됩니다."

(히틀러의 연설, 1933년 1월 제3제국 수상 취임식)

나에게는 꿈이 있습니다. 어느 날 조지아 주의 붉은 언덕에서 노예의 후손들과 노예 주인의 후손들이 형제처럼 손을 맞잡고 나란히 앉게 되는 꿈입니다. (중략) 나에게는 꿈이 있습니다. 나의 네 아이들이 피부색이 아니라 인격을 기준으로 사람을 평가하는 나라에서 언젠가 살게 되는 꿈입니다.

(킹 목사의 연설, 1963년 링컨기념관 앞)

두 사람은 모두 시대적, 역사적으로 중요한 전환점에서 수십만 군중 앞에서 연설을 했고, 듣는 이들의 마음을 뒤흔들어서 그 이후의 시대적 변혁을 주도하였다. 그러나 히틀러는 대중 선동이라는 정치적 목적으로 자신의 언어지능을 활용했고, 킹 목사는 흑인 인권운동을 위해서 그것을 썼다.

두 사람 모두 역사에 길이 남았다. 그러나 어떻게 남았는지는 두말할 필요가 없다. 그 차이는 어디서 오는가? 지능이나 재능인가? 집중력(C)이나 인내심(E)인가, 아니면 낙관성(O)인가?

아니다, 도덕성(M)의 차이라고 보아야 한다. 도덕과 윤리는 인간의 모든 노력과 성취들이 정당할 수 있는 근거를 제공한다.

괴테와 괴벨스, 간디와 마키아벨리

괴테와 괴벨스의 경우도 마찬가지다. 같은 독일인인데다 이름까지 비슷한 그들은 언어지능이 상당히 높아서 모국어인 독일어를 능숙하게 구사했다. 그런데 그들의 언어적 재능은 전혀 다른 데 사용되었다. 괴테의 언어적 능력은 탁월한 문학작품을 창작하는 데 활용되었지만, 나치의 선전부장인 괴벨스의 경우는 증오를 퍼뜨리고 대중을 선동하는 데 사용되었다.

간디와 마키아벨리도 비교가 된다. 간디는 자신의 높은 인간친화지능을 인도 민중의 고통을 어루만지는 데 활용했지만, 마키아벨리는 그 지능을 타인을 교묘하게 통제·조종하는 데 썼다. 결국 도덕성의 차이라고 볼 수밖에 없다.

그래서 가드너는 지능과 도덕성을 함께 계발해야 한다고 주장하게 된다. 지능 또는 재능을 좋은 목적으로 활용하는 데는 도덕성이 필수 요건이라고 보았기 때문이다.

심리학은 본래 가치(Value)보다는 사실(Fact)을 다루는 과학(Science)이다. 가드너 역시 심리학자여서 도덕적 능력을 다중지능에 포함시키지 않았다. 지능은 인지적인 특성이어서 도덕과는 다르다는 것이다.

그러나 이렇게 다중지능에서 도덕을 제외했지만 도덕의 중요성까지 제외한 것은 아니었다. 지능이나 재능 자체는 도덕의 문제가 아니지만 그것의 사용은 도덕적 문제가 된다.

가드너의 궁극적인 관심은 도덕이었다. 그가 하버드대학에서 주도한 'Good Work 프로젝트'의 목표도 수월성과 도덕성이 조화를 이루는 데 있었다. 재능은 사회적으로 바르게 사용되어야 한다는 점을 명확히 한 것이다.

내 아이를
'건강한 자아를 가진 사람'으로
만들어라

재능실현의 기본 토대가 되는 핵심 인성 4개(CEO-M)를 모두 모으면 '건강한 자아'로 표현할 수 있지 않을까 싶다. 완전하게 기능하는 사람, 또는 건강한 자아는 자신은 물론 타인을 긍정적으로 받아들이는 사람이라 할 수 있다.

먼저 자기를 보는 눈, 즉 자아개념(Self-Concept)이 긍정적이지 않으면 공부를 하든 무엇을 하든 제대로 해낼 수 없게 된다. 그리고 타인도 자신의 관점이나 선입견으로 왜곡하지 않고 있는 그대로 받아들일 수 있다.

다음으로, 건강한 자아는 외부 세계를 향해 감각의 문을 활짝 열어서 모든 대상을 있는 그대로 다 받아들일 수 있는 사람이다. 그런 사람만이 자신의 재능 또는 잠재력을 100% 발휘하게 된다.

얼마 전 꽃이 피는 것을 단순히 파워의 관계, 즉 힘의 관계로만 받아들이는 사람을 보고 깜짝 놀란 적이 있다. 그의 주장은 꽃이 아름다운 향기와 빛깔로 피는 것은 단지 벌과 나비를 유혹하여 자기 종족을 번성케 하려는 목적지향적인 행위라는 것이다. 말은 맞지만 무언가 중요한 것이 빠진 느낌이 들지 않는가?

꽃의 아름다움을 보는 데는 두 가지 관점이 있을 수 있는데, '자연의 관점'과 '인간의 관점'이다. 자연의 관점에서 보면 꽃이 아름다운 것은 벌과 나비를 유혹해서 종족을 번식하기 위한 것이 맞다. 그러나 인간의 관점에서 보면 꽃은 무조건 아름답다. 이 두 가지 관점 모두 사실이고 둘 다 필요하다. 따라서 두 관점이 조화를 이뤄야 건강한 자아라 할 수 있다.

부모는 자녀의 재능만 살펴서는 부족하다. IQ만 살피면 더욱 더 부족하다. 여러 가지 인성들도 함께 살펴서, 자녀가 건강한 자아를 가진 '성숙한 인격체'인지를 꼭 확인해야 한다. 그런 사람만이 자신의 능력을 최고조로 발휘할 수 있기 때문이다.

5

재능에 맞는

자녀가 지닌 지능인자형과 전공·직업 분야에 필요한 지능군,

전공과 직업을

이 두 가지가 일치하도록 전공과 직업을 선택하는 것이 바로 다중지능으로

찾아라

진로를 선택하는 핵심이다.

다중지능형
아이로 키우는 세 가지 조건

인생의 목표는 무엇이고 교육의 목표는 무엇인가? 삶(인생)과 교육이 서로 분리되지 않는 하나라고 본다면, 인생의 목표는 곧바로 교육의 목표가 되겠다. 그렇다면 삶의 목표, 교육의 목표는 과연 무엇인가?

남보다 더 많은 돈을 벌고 더 높은 자리에 올라가는 것인가? 아니다, 그런 외형적인 것은 아닐 것이다. 그보다는 '개개인의 진정한 성공과 행복'이 인생의 목표이자 교육의 목표일 것이다. 그런데 모두가 꿈꾸는 그 것이 가능하기 위해서는 어찌해야 할까.

자신의 재능을 제대로 탐색하여 전공과 직업 분야로 연결하면 된다. 자신이 좋아하고 하고 싶은 일이 직업이 되는, 그래서 일과 놀이가 일치하는 삶이 가장 행복한 인생이기 때문이다.

재능의 최대한 발현을 통한 자아실현, 그리고 인생의 진정한 성공과 행복, 이것은 너무도 당연한 과제이고 모든 이들의 희망이지만, 실제로 그것을 이루는 것은 예상보다 쉽지 않다. 그러나 길은 있다.

21세기 다중지능 시대의 주인공으로 살아갈 우리 아이들이 장차 삶의 보람과 행복을 한껏 누리며 살아갈 수 있도록 하는 세 가지 조건이 있다.

다중지능 시대라고 해서 많은 부모들은 자녀의 다중지능(재능) 하나에만 관심을 쏟고 있는데, 그래서는 안 된다. 재능은 아이 내부의 특성에 지나지 않는다. 내적 특성이 외적으로 드러나는 데는 여러 가지 변수들이 영향을 미친다. 나는 이 변수들을 중심으로, '다중지능형 아이로 키우는 세 가지 조건'을 정하고, 이 조건들을 기본틀로 해서 이 책을 구성했다.

이 조건들은 저서 〈몰입의 즐거움〉으로 유명한 미국 심리학자 칙센트미하이(M. Csikszentmihalyi) 교수가 제안한 '창의성 모형'에 근거를 두고 있으며, 교육학적으로도 충분한 근거를 인정받았다. 물론 이 모형에서는 인성을 포함하지 않지만 '세 조건'에서는 인성을 포함시켰다는 차이는 있다.

IDF 모형으로 널리 알려진 그 모형은 창의성이 외적으로 발현되는 구체적인 과정을 그린 것으로, 현재 국내에서도 여러 분야에서 주목받고 있는 새로운 교육 패러다임이다. 재능의 계발을 통한 자아실현과 삶의 행복을 설명하는 아주 효과적이고 유용한 틀로 받아들여졌기 때문이다.

그런데 이 모형은 창의성을 발휘한 소수의 비범한 인물만을 대상으로

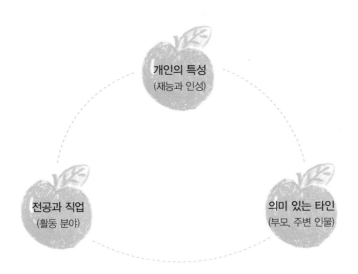

개인의 특성
(재능과 인성)

전공과 직업
(활동 분야)

의미 있는 타인
(부모, 주변 인물)

한 것이다. 하지만 나는 그의 모형이 다중지능 관점에서, 비범한 이들을 포함한 세상의 모든 사람들까지 대상이 확대될 수 있고, 또 그리 되어야 한다고 생각한다. 다중지능의 기본 목표는 소수의 영재나 천재뿐만 아니라 일반인 모두가 자신의 재능을 찾고 발휘하여 행복하게 살아가도록 하는 데 있기 때문이다. 세 가지 조건을 하나씩 살펴보자.

재능과 함께 인성의 힘을 길러라

강점 지능은 재능을 말하고, 인성은 바로 그 재능이 발현되는 데 큰 영향을 미치는 내적 특성을 말한다. 물론 재능과 인성은 '개인의 특성'을 이룬다.

부모는 자녀의 재능(다중지능)에만 관심을 갖기 쉬운데 이제는 인성까지 눈여겨 보아야 한다. 인성은 재능실현의 기본 토대가 되기 때문이다.

어릴 적에 세상 사람들을 깜짝 놀라게 할 만큼 특별한 재능을 보였지만 자신의 능력을 제대로 발휘하지 못한 채 세인의 기억 속에서 쓸쓸히 사라져 버린 이들이 적지 않다. 그러니 재능만으로는 안 된다. 반짝 빛나는 재능 하나만으론 몇 사람을 잠시 감동시킬 수는 있지만, 여러 사람을 오랫동안 감동시키기는 어렵다. 그러니, 인성의 힘으로 우리 아이들의 재능이 충분히, 지속적으로 발휘되도록 해야 한다.

IQ 하나만으로 학습의 성공을 기대하기 어렵듯이, 재능 하나만으로는 자아실현을 통한 인생의 진정한 성공과 행복을 기약하기 어렵다.

■ 재능에 맞는 전공과 직업을 선택하라

아이의 강점 지능, 즉 재능을 찾았다면 그 다음에 할 일은 재능에 적합한 전공과 직업을 찾는 일이다.

다중지능이 지닌 장점 중의 하나는 전공이나 직업 분야를 찾는 데 매우 유용하다는 점이다. 소질과 적성도 중요하지만 그것들은 세부 영역이 막연하고 모호해서 전공이나 직업 분야와 직접적으로 연결하는 데는 어려움이 있었다. 다중지능은 8개 지능 영역으로 세분화되어 있어서, 그 영역들 사이의 다양한 짝짓기를 통해 전공이나 직업과 쉽게 연결된다.

'의미 있는 타인'의 역할에 주목하라

아이들이 자기 재능을 정확히 탐색하고, 그에 맞는 전공과 직업 분야를 찾아 자신의 재능을 충분히 발휘하기까지 혼자 힘으로는 부족하다. 그래서 주위 사람들의 도움이 필수적이다.

한 아이의 정상적인 성장과 발달, 그리고 재능 계발에 중요한 영향을 미치는 주변 사람들을 교육학에서는 '의미있는 타인(Significant Others)'이라 한다. 부모와 교사, 그 분야의 전문가 등이 의미있는 타인이 되는데, 이들이 자기 역할을 제대로 할 때 비로소 한 아이의 재능의 꽃은 활짝 피어날 수 있고, 자아실현을 통해 인생의 진정한 성공과 행복이라는 열매를 맺을 수 있게 된다.

다중지능 시대에 사는 우리 아이들이 이러한 조건 모두를 완벽하게 갖추기는 어려울 것이지만, 이러한 틀을 제대로 아는 것은 중요하다. '알면서 안 하는 것'과 '몰라서 못 하는 것'은 다르지 않은가. 알면 조금이라도 더 보탬이 되게 마련이다.

아이의 재능에 맞는
전공 분야를 찾아라

　지금까지 우리는 다중지능이라는 새로운 틀을 통해 자녀의 재능을 찾는 방법에 대해 살펴보았다. 다중지능의 창을 통해서 보면, 아이의 재능은 다중지능 프로파일 중에서 가장 높게 나타나는 강점 지능으로 볼 수 있다.

　재능(강점 지능)의 탐색이 이뤄졌으면 그 다음에 할 일은 무엇일까? 재능에 적합한 전공 분야를 선택하는 일이다. 전공 선택은 직업 선택의 출발점이 된다는 점에서 아주 중요하다.

　다중지능은 언어·논리수학·음악·공간·신체운동지능 등 8가지 영역으로 나누어져 있어서 전공 분야의 선택에도 그대로 적용될 수 있다는 장점이 있다. 대학의 전공(학과) 역시 이와 유사하게 분류되어 있기 때문이다.

전공 분야는 굳이 대학 전공이 아니라도 좋다. 대학을 다니지 않고서도 자기 분야에서 두드러진 활약을 보인 이들은 수없이 많은데, 최근 부활을 선언한 가수 서태지가 대표적인 사례다.

그런데 다중지능이 전공 분야와 쉽게 연결되는 장점을 지니게 된 원인에 대해 생각해보니 금세 답이 나왔다. 답은 가드너가 다중지능을 '일상적인 문제를 해결하는 능력'이라고 정의한 데서 찾을 수 있었다. 교과니 전공이니 하는 것은 결국 인류가 오랜 세월 살아오면서 축적한 '일상적인' 생활 경험과 삶의 지혜들을 분야별로 구분해 놓은 것이라서, 이것은 '일상적인 문제 해결력'을 뜻하는 다중지능의 8개 영역과 비슷하게 맞아떨어지기 때문이다.

그런데 지능 영역과 분야를 혼동하면 안 된다. 분야는 특정 지능을 가진 개인이 선택하게 되는 학문 분야 또는 활동 분야를 말한다. 여기서 학문 분야는 전공 분야이고, 활동 분야는 직업 분야임은 물론이다.

그러나 지능 영역과 분야가 일대일(1:1)의 대응 관계에 있는 것은 아니다. 하나의 지능이 여러 분야에 걸쳐 두루 활용될 수 있다. 이를테면 공간지능은 조각이나 항해에 활용될 수 있고, 건축 설계나 외과 수술에도 사용될 수 있다. 강호동의 신체운동지능은 과거에 그가 씨름을 할 때는 상대 선수를 힘과 기술로 넘어뜨려 천하장사가 되는 데 활용되었지만, 개그맨이자 MC로 활약하고 있는 지금은 현란한 제스처와 활발한 동작으로 시청자들의 눈길을 사로잡는 데 사용되고 있다.

반대로 한 가지 분야에 여러 지능들이 조합을 이뤄 관계할 수도 있다. 예를 들어 음악 분야에는 음악지능 뿐만 아니라 신체운동지능과 인간친화지능까지 필요하다.

음악지능만 뛰어나다고 해서 무조건 피아노나 기타와 같은 악기를 잘 다루는 것은 아니다. 신체운동적 능력도 어느 정도 갖춰야 훌륭한 연주가 가능한 것이다. 그리고 악단의 단장이나 지휘자가 되는 데는 인간친화지능도 필요할 것이다. 많은 악기 연주자나 스텝과 호흡을 맞추고 그들을 이끄는 것이 지휘자에게 요구되는 필수적인 과제이기 때문이다.

음악지능이 뛰어난 사람이 연주가가 될지 지휘자가 될지는 그의 음악지능이 다른 어떤 지능과 조합을 이루느냐에 달려있고, 공간지능이 뛰어난 사람이 조각가, 항해사, 설계사, 외과의 중 무엇이 되느냐 역시 그의 공간지능이 다른 어떤 지능과 조합을 이루는가에 달려 있다.

이처럼 다중지능은 특정 학문 분야나 직업 분야와 일대일의 대응 관계를 이루지는 않지만, 전공 선택이나 직업 선택의 과정에서 이들 분야와 쉽게 연결될 수 있다. 물론 이는 다중지능만이 지니고 있는 큰 장점이다.

전공 분야보다는
재능이 우선이다

재능이 없는 분야를 전공으로 선택하면 어떻게 될까? 쉽게 말해 재능이 없는데도 법학이나 의학을 전공으로 선택해서 나중에 법조계나 의료계에 종사하려는 경우이다. 결과와 장래는 빤히 보인다.

무조건 문과에서 공부 잘하면 법대, 이과에서 공부 잘하면 의대에 갔다가 나중에 후회하는 경우가 바로 이런 케이스다. 이런 황당한 일이 우리 사회에서 많이 생기고 있는데, 크게 두 가지 경로를 통해 일어나는 것 같다. 즉, 학생이 자신의 재능을 전혀 고려하지 않고 점수에 따라 전공을 선택하는 경우와, 법조계나 의료계에 종사하는 부모가 자녀에게 자신의 직업을 강요하는 경우 말이다.

지능은 생물·심리학적 개념이고 전공 또는 직업 분야는 사회적인 개념이라서 근본적으로 차이가 난다. 그래서 이들은 일대일(1:1)로 대응하지 않을 수 있는 것이다. 앞서도 말했지만 음악 분야에는 음악지능만 필요한 것은 아니다. 실제로 가드너가 피아노를 잘 치는 사람의 지능을 분석한 결과 무려 6가지 지능이 높았다고 한다.

그런데 음악 분야에도 작곡가, 연주자, 지휘자 등 다양한 직종이 있고, 각각 필요한 지능의 조합은 다르다. 따라서 어떤 아이가 음악에 관심과 소질이 있다고 할 때, 그 아이가 지닌 다중지능의 조합에 적합한 직종을 찾아야 한다.

언어지능이 높은 아이가 있다고 하자. 언어지능이 필요한 직종은 연설가, 언론인, 시인, 세일즈맨, 변호사 등 다양하고, 각각의 경우에 필요한 지능의 조합은 다르다. 그러니, 분야보다 지능을 먼저 살펴야 한다.

지능은 생물·심리학적 특성이어서 유전에 의해 결정되는 몫이 크고 개인차도 크다. 그리고 비범한 사람은 자신의 지능에 적합한 분야가 없을 경우, 새로운 분야를 창조하기도 한다. 이는 분야 선택에 앞서 각 개인의 지능을 먼저 체크해야 함을 시사한다.

그런데 부모들은 자녀의 지능보다는 분야(전공 분야 또는 직업 분야)에 눈길이 먼저 가게 마련이다. 지능은 개개인이 갖고 있는 유전성이 강한 내적인 특성인 반면, 분야는 인간이 사회생활을 통해 형성·분류한 것이니, 지능이 자연성이 강한 개념이라면 분야는 사회성이 강한 개념이라고 볼 수 있다. 그러니 자녀를 키우는 부모들로선 '재능의 자연성'보다 '분야의 사회성'에 더욱 눈길이 쏠리게 마련이다.

그러나 여기서 중요한 것은 사회성이 자연성을 침해해서는 안 된다는 점이다. 자연성이 사회성보다 더 근원적이고 중요하며 강력한 힘을 갖기 때문이다. 그러기에 부모는 어떤 분야가 더 사회적으로 인정받는지, 수입이 좋은지를 살피는 것보다, 자녀가 어느 분야를 더 좋아하고 잘할 수 있는지를 먼저 살펴야 한다.

또한 부모는 자신의 주관이나 기대에 따라 아이의 전공 분야나 직업 분야를 먼저 선택하고, 지능이나 재능을 거기에 끼워 맞추는 오류를 범해서는 안 된다. 자녀가 어떤 재능과 특성을 갖고 있고 무엇을 좋아하며 어떤 일을 했을 때 인생이 진정 행복하고 즐거울지를 먼저 생각해야 하고, 무엇이 되었으면 좋겠다는 부모의 기대를 앞세우지 말아야 한다.

사회적 지위나 경제적인 조건이 아니라 아이 자신의 재능에 의해서 분야를 선택하게 되면 나중에 크게 후회하는 일은 없을 것이다. 설령 크게 성공하지 못하더라도 말이다.

지능별 전공 분야는 따로 있다

대학의 여러 전공 분야를 살펴보면 각 분야에 적합한 지능이 있다. 그러니 자녀가 갖고 있는 지능(재능)에 맞는 전공 분야를 선택하면 된다. 아래는 내가 이 책을 쓰면서 나름대로 생각해 본 몇 가지 지능별 전공 분야들이다.

법학 : 논리수학지능 + 언어지능

의학 : 논리수학지능(외과는 신체운동지능, 정신과는 인간친화지능 추가)

경제학 : 논리수학지능(경영학은 인간친화지능 추가)

정치외교학 : 언어지능 + 논리수학지능 + 인간친화지능

자연과학 : 논리수학지능 + 자연친화지능

사대(교대) : 인간친화지능 + 교사자격증 영역별 지능

어문계열 : 언어지능

법학의 경우 언어지능과 논리수학지능이 필수적이다. 물론 변호사 직종에는 인간친화지능까지 필요하다. 소송 당사자의 복잡한 내적 동기나 욕구, 의도를 잘 파악해서 대응해야 하고, 자신의 논리를 적절한 언어(말과 글)로 표현할 수 있어야 하기 때문이다.

경제학 분야는 논리수학지능이 기본 지능이고, 경영학을 전공한다면 인간친화지능까지 필요할 것이다. 정치외교학 분야에는 언어·논리수학·인간친화지능이 필요하다.

한편 사범대나 교육대의 경우 인간친화지능이 기본적인 지능이 된다. 종일, 그리고 한평생 학생들을 만나고 가르치는 것이 교사의 본분인데 인간친화지능이 낮으면 어려울 것이다. 학생들의 욕구와 감정, 의도 등을 제대로 파악하고 대응하기 어렵기 때문이다.

위의 사례는 내가 이 책을 쓰면서 생각해 본 것에 지나지 않지만, 이처럼 여러 전공 분야들을 각각 그 분야를 전공하는 데 필요한 지능군 위주

로 살펴보면 유익한 점이 많을 것이다.

이를테면 정치외교 분야에는 언어지능, 논리수학지능, 인간친화지능이 필요하다. 여기서 8개의 다중지능 각각에 대해 언어지능은 A, 음악지능은 B, 논리수학지능은 C, 공간지능은 D, 신체운동지능은 E, 인간친화지능은 F, 자기성찰지능은 G, 자연친화지능은 H라고 한다면, 정치외교 분야는 ACF 지능군이 되는 것이다. 법학 분야는 언어지능과 논리수학지능이 필요하므로 AC 지능군이 될 것이다.

이처럼 전공 분야를 지능군으로 분류하면 편리한 점이 많다. 자녀가 전공 분야를 선택할 때 그 분야가 필요로 하는 지능군을 갖추고 있는지만 살펴보면 되기 때문이다. 이렇게만 하면 나중에 적성이나 소질이 맞지 않아 전공을 바꾸는 불행한 일은 줄어들지 않을까 싶다.

'지능인자형'과 '지능군'을 일치시켜라

다중지능을 토대로 전공 분야를 선택하는 방식의 핵심은 지능인자형과 지능군의 일치라고 볼 수 있다. 즉, 자녀의 지능에 맞는 전공 분야를 찾는 방식이다.

개인
(지능인자형)

전공 분야
(지능군)

다중지능 검사에서 아이들마다 다르게 나오는 강점 지능의 조합을 '지능인자형'이라 부르자. 이를테면 어떤 아이의 강점 지능이 언어지능(A)과 논리수학지능(C), 인간친화지능(F)으로 나타났다면 그 아이의 지능인자형은 ACF형이라 할 수 있다.

또 대학의 무수한 전공 분야들을 가만히 들여다보면 저마다 다른 지능의 조합을 필요로 하는데, 이를 '지능군'이라 부르자. 바로 위에서 말한 정치외교학의 경우 언어지능(A)과 논리수학지능(C), 그리고 인간친화지능(F)을 필요로 하고 있으니까 지능군은 ACF형이 될 것이다.

따라서, 자녀의 지능인자가 ACF형으로 나타난다면, 지능군이 ACF형인 정치외교학 분야를 전공으로 선택하면 된다. 이처럼 자녀가 지닌 지능인자형과 전공 분야에 필요한 지능군, 이 두 가지가 일치하도록 전공 분야를 선택하는 것, 이것이 바로 다중지능을 바탕으로 전공 분야를 선택하는 방법의 핵심이다. 물론 이 방식은 직업 분야를 선택할 때도 적용할 수 있을 것이다.

전공 분야를 선택하는
두 가지 방법

전공 분야를 선택하는 방법 중 첫 번째는 분야를 먼저 선택하고 나서 자신의 지능이 거기 부합되는가를 살피는 것이고, 두 번째는 지능을 먼저 살펴보고 거기에 맞는 분야를 찾는 방법이다. 물론 전자보다는 후자가 훨씬 더 바람직하다고 생각한다.

첫 번째, 분야 선택 후 지능 체크

이것은 관심이 있는 특정 분야를 먼저 선택하고 나서 자신의 지능을 체크하는 방법이다. 지능을 체크하고 그에 맞춰 분야를 선택하는 방법에 비해서는 덜 바람직하지만, 자녀의 전공 분야 선택에서 부모의 기대와 입김이 유난히 강하게 작용하는 우리나라에서는 흔히 발생하는 일이다.

철수가 미대에서 조각을 공부하기로 마음을 정했다고 하자. 그는 일단 다음 두 가지를 순서대로 살펴봐야 한다.

첫째, 조각 분야에 필요한 지능군(지능의 조합)은 무엇인가?
둘째, 철수는 과연 그런 지능군에 맞는 지능인자형을 갖고 있는가?

조각 분야에 필요한 지능의 조합은 공간지능과 신체운동지능, 두 가지라 볼 수 있다. 따라서 조각 분야의 지능군은 DE형이 되겠다. 그러니 철수는 자신의 지능인자형이 DE형인지, 달리 말하면 공간지능과 신체운동지능을 강점 지능으로 갖고 있는지 확인해 보고, 그게 확인되면 미술대학에 진학하여 조각을 전공하면 될 것이다.

세상의 모든 전공 분야나 직업 분야마다 필요로 하는 지능군은 각기 다르고, 자녀들이 갖추고 있는 지능인자형도 사람마다 다르다. 유전인자가 한 개체의 특질을 결정하듯이 지능인자는 한 개인의 재능을 결정한다.

따라서 자녀가 원하는 전공 분야가 있다면, 그 분야가 필요로 하는 지능군은 무엇이고, 자녀는 그런 지능인자형을 갖추고 있는지 확인해 보자.

다음으로, 자녀의 지능을 먼저 체크하고 나서 그에 적합한 전공 분야를 찾아보는 방법이다. 이를테면 영수의 강점 지능을 체크해 보니 논리수학·인간친화지능이었다고 하자. 그러면 영수의 지능인자형은 CF형이 되니, 그에 적합한 전공 분야를 찾으면 된다.

영수는 논리적 능력에다 인간친화지능, 즉 대인관계 능력까지 갖추었으니 일단 전공 분야는 법학으로 하고, 나중에 변호사를 직업으로 하면 좋을 것이다. 논리 능력은 뛰어나지만 대인관계 능력이 다소 부족하다면 변호사보다는 판검사가 더 적절한 직종인 듯하다.

사람들은 모두 저마다 다른 지능인자형을 지니고 있고, 세상의 수많은 전공 분야들은 제각기 다른 지능군을 필요로 한다. 그러니, 자녀가 지닌 지능인자형과 전공 분야에 필요한 지능군이 일치하도록 전공 분야를 선택하면 된다.

구체적인 사례를 하나 들어 보겠다. 얼마 전에 동료 교수 한 분이 내게 자녀의 전공 선택에 대한 조언을 구한 적이 있다. 자녀가 수학적 능력이 뛰어나다는 평가를 받고 있는데 장차 어떤 전공 분야를 선택하면 좋겠느냐는 것이다. 나는 일단 수학을 잘한다고 해서 무조건 수학에만 매달려서는 안 된다고 말했다. 다중지능에서는 한 가지 지능이 뛰어난 경우도 있지만 대부분 몇 가지 지능이 한데 어울려 작용을 하는데, 그런 지능의 조합을 유심히 살펴야 한다고 말했다. 게다가, 다른 지능도 마찬가지겠지만, 논리수학지능의 경우 여러 분야에 두루 활용될 수 있는 기본 지능의 성격이 강해서 다른 어떤 지능과 조합을 이루느냐에 따라 선택 분야가 많이 달라질 수 있기 때문이다.

아이의 재능에 대해 물어보니 아버지는 아이가 무엇을 좋아하고 잘하는지 정확히 알고 있었다. 평소 아이의 재능에 많은 관심을 갖고 유심히 관찰해 왔구나 싶었다.

그 아이는 언어·논리수학·신체운동·인간친화·자기성찰지능 등 다섯 가지 지능이 높고, 그중에서도 언어·논리수학·인간친화지능이 강점 지능이라는 판단이 섰다. 지능인자형으로 표현하자면 ACF형인 셈이다. ACF형에 적합한 전공 분야는 정치외교 분야라는 생각이 들어 그 분야가 어떠냐고 했더니 아이가 꿈꾸는 직업은 어릴 적부터 외교관이었다며 놀라워했다.

뒤이은 아버지의 말은 더욱 인상적이었다. 아이는 초등학교 저학년 때부터 스스로 외교관을 목표로 정하고 서울에 있는 외교박물관까지 가서 자신의 꿈을 다지더라는 것이다. 물론 그 꿈을 이룰 방법론도 나름대로 정교하게 마련해 두었다고 한다. 철부지 초등학생이 어떻게 저 혼자 그렇게 구체적인 인생 계획을 짤 수 있었을까 의심이 들 정도로 말이다.

부모 된 사람이 해야 할 가장 중요하고 기본적인 일은 자녀의 꿈을 돕지는 못할지언정, 방해하거나 부모 자신의 욕심으로 다른 엉뚱한 길을 강요하지 않는 것이다. 물론 부모와 아이가 힘과 마음과 지혜를 합쳐서 그 험난하고 길고 먼 여정을 함께 할 수 있다면 그보다 더 좋은 일은 없을 것이다.

학교 투어보다
학과 투어를!

　최근의 한 조사 연구에 의하면 우리나라 대학생의 전공 만족도는 50%를 넘지 못한다고 한다. 자신의 재능이나 적성보다는 성적이나 사회적 지위와 평판 때문에 전공 분야를 결정하는 학생이 상당히 많다는 뜻이다. 원하지 않는 전공을 선택하면 나중에 직업 역시 재능에 맞지 않는 분야를 선택할 가능성이 크기 때문에, 이는 매우 심각한 문제라고 생각한다.

　우리나라 학부모들은 자녀의 점수가 높으면 무조건 자연계의 경우는 의대, 인문계의 경우는 법대에 보내는 것을 선호해 왔다. 특히 부모가 그 분야에 종사할 경우는 더욱 더 그랬다.

　물론 이제는 제도가 바뀌어서 법학전문대학원이나 의학전문대학원을 거쳐야 하지만, 이것도 대학 입시가 대학원 입시로 좀 늦춰진 것에 불과할 수도 있다. 점수에 따라 대학이 결정되는 것은 이해가 되지만, 전공 분야(학과)까지 결정되는 것은 정말 이해할 수 없는 일이다.

이처럼 재능이 아니라 점수나 사회적인 요인에 따라 전공 분야를 선택하는 것은 '가문의 영광'보다는 '가문의 위기'로 결말이 날 공산이 더 크다. 그러니 '사회성'보다는 '자연성'을 더욱 중시해야 한다. 남이 원하는 분야보다는 자신이 하고 싶은 분야를 선택해야만 시행착오로 인한 손실을 최소화할 수 있기 때문이다.

대학생 취업 분야의 전문가로 알려진 연세대학교의 한 취업담당관은 학생들이 커리어 디자인(Career Design)을 할 때 소질과 적성이 기초가 되어야 하고, 그렇지 않으면 나중에 커리어 이노베이션(Career Innovation)을 해야 할 단계에 이르러 한계를 느낄 수밖에 없다는 의견을 내게 피력한 적이 있다. 전공 분야를 선택할 때부터 다중지능을 중시해야 한다는 당연하고 의미심장한 지적인 셈이다.

'명문대학을 가기 위해서는 어떻게 해야 하는가?' 하고 물으면 '지하철 2호선을 타면 된다'고 답하는 우스갯소리가 있다. 중고생들은 방학 때 동기유발 차원에서 자신이 원하는 대학을 미리 방문하는 경우가 많은데, 기왕이면 원하는 학과까지 방문하는 게 좋다. 거기 가서 커리큘럼을 통해 무슨 과목을 배우는지, 교재는 무엇인지 살펴봐야 한다.

전공 분야를 탐색하기 위해선 여러 학과를 소개한 책들이나 자료를 살펴보는 것도 좋다. 예를 들어 약학을 전공해서 약사가 되고 싶은 학생이라면 약학과나 동창회, 약사회의 홈피를 통해 자료와 정보를 얻을 수 있다. 물론 그 전공 분야가 자신의 재능, 즉 강점 지능에 적합한지 꼼꼼히 살펴보는 것은 필수적이다.

서울대학교의 온라인 커뮤니티인 스누라이프(SNULife) 같은 사이트도 도움이 될 것 같다. 그 사이트의 '진로 취업'에 들어가면 학과 정보, 강의 정보 등이 실려 있다.

예를 들어 사회학을 전공하고자 하는 학생이 있다 하자. 그러면 그 사이트에 들어가서 사회학이 무엇을 다루는 학문 분야인지, 재학생들은 무슨 과목을 배우는지, 졸업하면 어떤 직업을 갖게 되는지, 그 직업은 자신의 재능(지능인자형)에 맞는지 두루 살펴보고 나서 결정하면 될 것이다. 이제는 대학이 아니라 학과(전공)를 중심으로 미래를 설계해야 한다.

지능별로 어울리는
직업 분야가 있다

　기나긴 여정의 마지막 관문은 적절한 직업의 선택이다. 자신의 재능, 즉 잠재 능력을 탐색하고 그에 맞는 전공 분야를 선택하여 적절한 교육이나 훈련을 마친 다음에 할 일은 그에 맞는 직업을 선택하는 일이다.

　앞서 말했지만 다중지능과 전공 분야 사이에는 일대일(1 : 1)의 관계가 있는 게 아니어서, 하나의 지능이 여러 전공 분야에 두루 활용될 수 있는가 하면, 여러 지능들이 조합을 이뤄 하나의 전공 분야에 관여할 수 있다. 다중지능과 직업 분야의 관계도 마찬가지다. 하나의 지능으로 대응할 수 있는 직업 분야가 있는가 하면 여러 개의 지능이 조합을 이뤄야만 감당할 수 있는 직업 분야도 있다.

이를테면 언어지능이 높으면 시인·소설가·수필가 등 혼자서 글을 쓰는 직업을 선택할 수 있다. 강호동의 경우처럼 신체운동지능이 높으면 씨름도 하고 개그도 하고 MC도 할 수 있다. 하나의 지능이 여러 직업 분야에서 두루 활용될 수 있다는 말이다.

반면, 여러 지능들이 조합을 이뤄서 하나의 직업 분야에 관여할 수도 있다. 이를테면 변호사나 정치인이 되기 위해서는 언어·논리수학·인간친화지능이 필요하고, 세일즈맨이 되기 위해서는 언어·인간친화지능이 필요하다.

그러나 다중지능 하나만으로 직업이 결정되는 것은 아니다. 예를 들어, 공간지능이 강점 지능이면 건축설계사나 게이머 등을 직업 분야로 선택할 수 있지만, 구체적으로 건축설계사와 게이머 중 어떤 직업을 선택할지는 다중지능만으로 결정하지 못할 수도 있다. 환경적, 개인적인 다른 요인들이 직업 선택에 영향을 미칠 수 있다는 뜻이다.

전공 분야와 직업 분야는 다를 수 있다. 하나의 전공분야 속에서 몇 가지 다른 직업들이 나올 수 있는데, 물론 이들은 서로 다른 지능 조합을 필요로 한다. 이를테면 법학 분야의 경우 판·검사나 변호사가 될 수 있는데, 이들의 직무 성격은 다소 다르기 때문에, 각기 다른 지능 조합을 필요로 한다.

의료 분야의 경우에도 내과·외과·정신과 등 여러 하위 분야로 나눠진다. 음악 분야에도 작곡자·지휘자·연주자·음악평론가 등 다양한 직업이 있다. 이들 하위 분야마다 각기 다른 지능의 조합을 필요로 함은 물론이다. 그러므로 직업 분야를 선택할 때는 전공 분야를 선택할 때와는 달리, 이러한 하위 분야까지 고려해야 한다.

그런데, 다중지능은 각 개인이 지닌 재능(지능)의 다양성을 중시하기 때문에, 각 개인의 다중지능은 전공 분야는 물론 직업 분야를 선택하는 데도 매우 유용하게 활용될 수 있다. 각 직업 분야의 직무를 분석해 보면 특정 직업에 필요한 다중지능이 드러날 것이다. 가드너는 직업 분야를 다중지능과 연결짓는 것이 필수적이라 하면서 몇 가지 분야를 사례로 제시했다.

의사소통 분야 : 언어지능

재정, 회계, 과학 분야 : 논리수학지능

대중과의 상호작용 분야 : 인성지능(인간친화지능 + 자기성찰지능)

오락 연예 분야 : 음악지능과 기타 예술적지능

운동선수, 예술가와 기술자 분야 : 신체운동지능

항해, 운송, 광고, 그래픽 분야 : 공간지능

환경, 동·식물, 생태 분야 : 자연친화지능

종교 분야 : 실존지능

그런데 가드너가 제시한 것은 단순한 분류라서 그대로 현실에 적용하는 데는 한계가 있다. 복잡다단한 현실 세계에서는 하나의 지능으로 감당하기 어려운 직업 분야가 상당히 많기 때문이다. 그러니 하나의 지능보다는 지능군, 즉 지능조합에 부합하는 직업 분야를 찾는 것이 더 좋겠다.

2000년도 노동부 자료에 의하면 우리나라의 직업 수는 12,000개이고 10개의 직업군으로 분류된다. 이처럼 직업은 많지만 가만히 들여다보면 직업마다 적합한 지능군(지능의 조합)을 찾아낼 수 있다.

아래는 이 책을 쓰면서 생각해본 '지능별 직업 찾기'의 예다. 세상의 수많은 직업마다 직무분석을 하면 각 직업에 필요한 지능군, 즉 지능의 조합을 찾아낼 수 있다. 직업은 점점 다양해지며 전문·세분화 되고 있고, 이에 따라 더 많은 지능들의 조합을 필요로 하고 있다. 다중지능을 소개하는 기존의 책들은 하나의 지능에 해당하는 직업 분야 위주로 소개하고 있지만, 나는 여러 개의 지능들이 짝을 이뤄 활용되는 직업 분야를 찾아보았다. 다중지능에서는 단일지능보다는 지능들의 짝짓기, 즉 지능의 조합을 강조하기 때문이다.

언어지능 + 논리수학지능 + 인간친화지능 : 정치인, 외교관, 변호사

언어지능 + 신체운동지능 + 인간친화지능 : 개그맨, 코미디언

언어지능 + 인간친화지능 : 교사, 교수(전공 분야별로 추가지능 필요)

언어지능 + 신체운동지능 : 스포츠 해설가 및 앵커

공간지능 + 신체운동지능 : 택시운전사, 축구 선수, 조종사, 항해사, 조각가, 디자이너

공간지능 + 신체운동지능 + 인간친화지능 : 운동 코치 및 감독

공간지능 + 인간친화지능 : 공인중개사, 미술관 큐레이터

논리수학지능 + 자연친화지능 : 동·식물학자, 한의사·약사, 생명공학자

논리수학지능 + 공간지능 + 신체운동지능 : 외과의사, 엔지니어

음악지능 + 신체운동지능 : 무용가, 피겨 스케이팅 선수

음악지능 + 인간친화지능 : 음악치료사, 음악 교사, 지휘자, 음악공연 연출가

이상은 다중지능에 맞는 직업 분야를 나름대로 찾아본 것인데, 앞으로 더 많은 직업 분야가 탐색되었으면 한다. 이러한 탐색은 일단 사람들에게 인기가 많은 직업 분야부터 시작될 필요가 있다. 그 분야들은 많은 학생들이 자신의 재능은 생각하지 않고 사회적 지위나 경제적 조건만을 고려하여 선택했다가 나중에 후회할 가능성이 매우 큰 직종이기 때문이다.

그런데 각 직업 분야에 필요한 지능군(지능의 조합)에서 자기성찰지능은 모두 빠졌다. 이 지능은 어떤 직업을 갖든 필수적인 기본 지능이기 때문에 제외한 것이다. 이 지능까지 결합되면 어떤 직업 분야에서든 훨씬 더 나은 성취를 거둘 수 있음은 당연하다.

아이의 지능인자에
맞춰 직업을 선택하라

이제 다중지능을 바탕으로 직업 분야를 선택하는 구체적인 방법을 생각해보자. 그런데 앞서 소개한 '지능인자 탐색법'이 지능별 직업분야 찾기에도 그대로 적용될 수 있다.

각 지능마다 고유 기호(언어지능은 A, 음악지능은 B, 논리수학지능은 C, 공간지능은 D, 신체운동지능은 E, 인간친화지능은 F, 자기성찰지능은 G, 자연친화지능은 H)를 부여하고, 각 직업에 필요한 다중지능의 조합, 즉 지능군을 살펴서 유형화하는 방법을 생각해 볼 수 있다.

바로 위에서 보듯이, 공인중개사를 하기 위해서는 공간지능과 인간친화지능이 필요하다. 그러므로 공인중개사의 지능군은 DF형이라 할 수 있다. 이런 방식으로 하면 택시운전사의 지능군은 DE형이고, 운동 코치나 감독의 지능군은 DEF형이 된다.

또한 무용가에게는 음악지능과 신체운동지능이 필요하고, 정치 지도자나 외교관에겐 언어지능과 논리수학지능, 인간친화지능이 필수적이다. 그러니까 무용가의 지능군은 BE형이고, 정치지도자와 외교관의 지능군은 ACF형이 된다.

사람들은 누구나 각기 다른 지능 조합(지능인자형)을 갖고 있고, 세상의 많은 직업 분야들은 각기 다른 지능 조합(지능군)을 필요로 하고 있다. 그러니 각 개인이 지닌 지능인자형과 각 직업 분야가 필요로 하는 지능군이 서로 일치하도록 하면 재능에 맞는 직업분야를 선택할 수 있으리라 본다.

예를 들어 변호사의 직무 수행에는 언어·논리수학·인간친화지능이 필요하니까 변호사의 지능군은 ACF형이 된다. 따라서 자녀의 지능인자형이 ACF형으로 나타난다면 변호사를 직업으로 선택하면 된다.

이렇게 해서 자신의 재능을 중심으로 전공 분야나 직업 분야를 선택하게 되면, 적성이 맞지 않아 대학을 중퇴하거나 전과, 재수를 고민하는 학생은 현격히 줄어들 것이고, 직업이 적성에 맞지 않아 전직이나 퇴직을 고민하는 직장인도 현저히 줄어들 것이다.

우리나라엔 그렇게 힘들게 공부해서 대학에 멀쩡하게 입학한 후에 적성 때문에 고민하고, 그토록 어렵게 직장에 들어간 이후에는 원했던 직업이 아니라서 전직을 고려하는 이들이 무수히 많다. 그들의 개인적, 사회

다 중 지 능 혁 명

적, 국가적인 손실이 얼마일지는 아무도 모른다.

■ 직업 분야보다는 강점 지능이 우선이다

전공 분야와 마찬가지로, 직업 분야를 선택하는 방법에도 두 가지가 있다. 먼저 자신의 지능 조합(지능인자형)을 살피고 나서 그에 적합한 직업 분야를 택하는 방법이 있고, 직업 분야부터 정하고 나서 거기에 자신의 지능 조합을 끼워 맞추는 방법이 있다. 두 가지 방법 중에서 어느 것이 더 바람직한지에 대해선 더 이상 말할 필요가 없다고 본다.

다중지능에 맞춰 직업 분야를 선택할 때 가장 중요한 원칙은 강점 지능을 살펴서 그에 맞는 직업을 선택하는 것이다. 예를 들어 음악지능과 논리수학지능, 공간지능이 뛰어난 아이(지능인자형 : BCD형)가 있다고 하자. 그는 자신의 강점 지능 중 논리수학지능과 공간지능을 활용하면 과학자가 될 것이고, 음악지능을 활용하면 음악가가 될 것이다.

물론 과학자가 되더라도 음악지능 같은 예술적 지능은 과학 연구에 큰 도움이 된다. 아인슈타인이 바로 그런 경우다. 음악가가 되더라도 논리수학지능은 음악지능과 연관성이 높아서 도움이 될 것이다. 이처럼 단 하나의 지능보다는 여러 지능이 조합을 이룰 때 더 나은 성과를 낼 수 있다.

직업 분야의 선택에서 눈여겨 봐야 하는 것은 기본·특수·보조 지능의 차이다. 기본 지능은 어떤 직업 분야에도 활용될 수 있는 지능인데 자기성찰지능이 좋은 예다. 특수 지능은 강점 지능 중에서 실제로 자신의 직업 분야로 선택되는 지능이고, 보조 지능은 강점 지능이기는 하지만 특정 직업 분야에서 필수적인 것은 아니라 보조적인 역할을 맡는 지능을 말한다.

다시 박지성 선수를 예로 들어보자. 그는 공간지능과 신체운동지능, 자기성찰지능이 아주 높고 언어지능과 음악지능도 어느 정도 갖췄다고 본다. 그런데 그는 축구 선수를 직업 분야로 선택했기에 공간지능과 신체운동지능은 특수 지능이 되고, 언어지능과 음악지능은 축구에 직접적으로 활용되지는 않지만 선수생활을 하는 데 보탬이 되는 보조 지능이라고 할 수 있다. 마지막으로 자기성찰지능은 어떤 직업 분야에도 필요한 기본 지능의 성격을 지닌다.

인생에서 완전무결한 선택은 있을 수 없어서 우리는 모두 살아가다 몇 번의 시행착오를 겪게 마련이다. 그런데 그런 시행착오로 인한 기회비용의 손실을 최소화하는 것이 무엇보다도 중요해 보인다. 어린 시절부터 자신의 강점 지능이 무엇인지, 무얼 하면 재능의 최대한 발현을 통해 자아실현의 기쁨을 가장 크게 누릴 수 있을는지 최대한 진지하고 신중하게 탐색하는 것 외에는 방법이 없어 보인다.

그런데, 한 사람이 몇 개의 강점 지능을 갖고 있을 경우, 어떤 지능 분야를 먼저 선택하는가의 문제는 생길 수 있다. 씨름 선수였다가 나중에 개그맨과 MC로서 이름을 날리고 있는 강호동의 경우는 신체운동지능을 언어지능보다 먼저 활용한 케이스다.

그는 요즘 유재석과 함께 안방극장을 주름잡고 있는데, TV에서 그를 보며 문득 생각해 보았다. 그가 만일 신체운동지능보다 언어지능을 활용해서 개그맨을 먼저 했다면 어떻게 되었을까, 하고서 말이다.

그는 씨름을 먼저 하고 나중에 개그맨과 MC를 했는데, 씨름을 한 것이 개그맨과 MC를 하는 데 도움이 되었을까?

처음 분야가 나중의 분야에 도움이 되는 경우도 있지만 그렇지 않는 경우도 많다. 도움이 된다면, 즉 경력(Career)이 연결된다면 좋겠지만 그렇지 않은 경우에는 많은 시간과 경비, 에너지의 낭비를 초래할 것이다.

이를 방지하기 위해서는 직업 분야를 변경할 때 경력이 단절되지 않게 최대한 연결시키는 것이 좋다. 그래야만 시행착오에 따른 시간과 경비의 손실을 최소화할 수 있기 때문이다.

궤도수정이나 시행착오는
적을수록 좋다

지도를 보면 도로나 길은 절대로 직선 코스로 이어지지 않는다. 곡즉
전(曲則全)이란 옛말처럼 돌고 돌아서 하나의 지향점을 향해 나아가는
것이다. 어떤 길은 지도에는 있지만 실제로는 없는 경우도 있고, 지도에
는 없지만 실제로는 있는 길도 많다. 그래서 어떤 때는 지도를 따라 가는
데도 전혀 엉뚱한 길이 나타나는 바람에, 누구처럼 '지도 밖으로 행군'을
할 때도 있다.

인생길도 특정 시공 속의 한 지점에서 다른 지점으로 연결되는 과정인
데, 두 지점을 연결하는 최단·최적의 직선 코스가 있다면 얼마나 좋을까
마는, 유감스럽게도 그런 코스는 없다. 그래서 이게 내 길이다 싶어 열심

히 가다가 중간에 길이 아닌 것을 깨닫고 다른 길을 찾아 나서기도 하는 것이다.

아이의 재능을 발견하고 그것에 맞는 전공 또는 직업 분야를 찾아 나설 때 부모가 유심히 살펴봐야 하는 것이 하나 있다. 바로 재능 발현의 이상 궤도와 실제 궤도 사이의 괴리 문제다. 보다 정확히 말하면 실제 궤도가 이상 궤도에서 이탈하는가의 문제가 되겠다.

재능(강점 지능)의 이상적 발휘 과정이 이상 궤도이고 실제적 발휘 과정은 실제 궤도가 된다. '가야 할 길'이 이상 궤도라면 '가고 있는 길'은 실제 궤도라 할 수 있겠다. 그런데 두 궤도는 여러 가지 변수 때문에 어긋나는 경우가 많다.

언어지능과 논리수학지능, 그리고 인간친화지능이 높게 나타난 아이가 있다고 하자. 이러한 강점 지능의 조합에 적합한 전공 분야는 법학이고 직업 분야는 변호사 등 법조인이라 할 수 있다. 그러니, 이 아이의 재능 발현의 이상 궤도는 법학을 전공으로 정하고, 한눈팔지 않고 열심히 공부하여 로스쿨에 가서 법조인이 되는 것이다.

그런데 이것은 모두가 바라는 이상적인 코스일 뿐, 실제로는 도중에 이탈할 수 있다. 물론 그런 과정에서 새로운 분야가 선택되는 경우는 '궤도수정'이 되겠지만, 다시 원래의 분야로 돌아온다면 '시행착오'가 될 것이다.

궤도수정이든 시행착오든 적을수록 좋다. 이상 궤도와 실제 궤도는 일치할수록 좋다는 것이다. 일치하지 않으면 다양한 경험을 할 수 있다는 장점은 있지만, 그렇게 낭만적으로 생각하기엔 인생은 너무도 짧고 기회비용의 지출은 너무도 크다.

백범 김구 선생의 경우를 보자. 백범의 강점 지능은 신체운동지능과 인간친화지능, 자기성찰지능이다. 그 분은 이런 강점 지능을 최대한 발휘하여 온 민족이 우러르는 민족지도자가 되었다.

그런데 백범의 숱한 생애 사건들(Life Events)을 들여다보면 자신의 재능이 이상적으로 발휘되지 않고 어긋난 때가 더러 있었다. 과거를 공부하다 포기하고 관상학을 공부한 것, 동학의 지도자가 된 것, 승려가 된 것 등이 그 예로서, 이것은 재능 발현의 이상 궤도와 실제 궤도가 일치하지 않고 괴리를 보인 경우를 말한다.

물론 그런 생애 사건들도 크게 보면 독립운동가로서의 역량을 높이는 데 기여한 점도 있었겠지만, 실제 궤도가 이상 궤도에서 많이 벗어난 것은 분명하다. 그렇지 않았다면 재능을 더욱 발휘하여 더 큰 성과를 낼 수 있었을 것이기 때문이다.

살면서 여러 경험을 해 보는 것은 어떤 직업을 선택하든 도움이 되는 것은 사실이다. 하지만, 우리의 한정된 생애와 제한된 자원을 생각하면 특정 분야에 대한 빠른 선택과 집중이 훨씬 더 나은 방법일 것이다. 재능발현의 과정에서 이상 궤도와 실제 궤도의 일치는 그래서 중요하다.

사람은 누구든 일시적으로 잘못된 판단이나 선택을 하게 마련이다. 이럴 때 중요한 것은 잘못을 깨닫고 바른 길을 찾아나서는 것이다.

그런데 아동기에서 청년기 사이의 우리 자녀들이 혼자서 이런 일을 감당하기는 어렵고 힘들다. 이럴 때 의미 있는 타인, 특히 부모의 역할이 중요해지는데 가장 중요한 것은 재능, 즉 아이의 소질이나 적성에 맞는 진로를 선택하도록 이끄는 것이다.

전공과 직업은
몰입의 결과다

　재능에 맞는 전공과 직업의 선택은 자아실현과 몰입, 행복을 가능케 하는데, 이것은 다중지능이 우리 모두에게 전하는 귀한 선물이다. 우리는 '재능 탐색'에서 출발해서 '전공 선택과 직업 선택'을 거쳐 '몰입과 자아실현, 행복'에 이르는 큰 틀, 큰 흐름 속에서 다중지능을 보아야 한다. 이 요소들 간에는 상호절충이 가능하다. 재능이 전공이나 직업에 맞지 않는 경우, 재능을 다시 탐색하여 전공과 직업을 새로 선택해야 하고, 전공이나 직업이 자아실현과 몰입, 삶의 행복을 낳지 못하면 재능 탐색과 전공 및 직업 선택을 다시 해야 하기 때문이다.

자아실현, 교육과 인생의 최고 가치

자아실현은 우리 삶과 교육의 최고 목표인 동시에 최종 목표이다. 다중지능이 우리 인생의 성공과 행복을 위해 가장 크게 기여하는 것 역시 자아실현이다. 그런데, 자아실현은 우리가 상식적으로 쉽게 말할 수 있는 그런 용어가 아니다. 거기에 담긴 인생과 교육에 대한 높고 넓고 깊은 의미를 제대로 인식해야 한다.

자아실현이란 한 마디로 말해 각자가 갖고 있는 잠재 능력, 즉 재능의 최대한 실현을 말한다. 사람은 누구든 자신이 원하고 좋아하는 일을 아무 방해 없이 마음대로 할 수 있을 때 진정한 행복을 느낀다. 이때가 자신이 지닌 능력이 최고조로 발휘되는 때임은 물론이다.

사람은 누구나 자신이 좋아하는 분야가 따로 있다. 그걸 하고 있으면 하루가 언제 가는지 한 달이 언제 가는지 시간의 흐름에서 벗어나고, 더 나아가서는 자신의 존재마저 잊어버리게 된다. 이것은 완전한 몰입 상태이며 무아(無我)의 경지라 할 수 있다.

인간은 자유를 추구하는 존재라서, 자기가 하기 싫은 일을 억지로 할 때는 절대로 그런 경지에 도달할 수 없다. 박세리 선수가 필드 위에 섰을 때, 박찬호 선수가 야구장의 다이아몬드 위에 섰을 때, 가수 조용필이 무대 위에 섰을 때, 이창호 9단이 바둑판을 마주 했을 때 느끼는, 가슴 벅찬 감정 상태이며 진지하고 엄숙한 정신 상태가 바로 몰입인 것이다.

다중지능이 우리에게 줄 수 있는 또 하나의 선물은 바로 이 몰입의 즐거움이다. 심리학적 용어로는 플로우(Flow)인데, 앞서 말한 칙센트 미하이 교수가 주도하고 있는 긍정심리학(Positive Psychology)의 핵심 주제이기도 하다.

그렇다, 사람은 누구든 자기가 좋아하고 잘하는 것을 할 때 몰입, 즉 플로우 상태가 된다. 우리는 자기가 좋아하는 일에 몰두했을 때라야만 무언가를 제대로 이룰 수 있다. 공부든 인생이든 마찬가지다. 억지로, 의무감으로 하는 일은 어느 정도의 성과는 낼 수 있지만, 그 이상은 불가능하다. 자기 스스로에게 만족하고 또 세상 사람들을 감동시킬 정도의 성과를 내기 위해서는 인위적인 노력으로는 한계가 있다. 자연적인 몰입이 필수적이다.

그런데 몰입은 잘하는 것(능력 분야)보다는 좋아하는 것(선호 분야)에서 더 쉽게 일어난다. 잘하는 것과 좋아하는 것이 일치하는 분야를 전공과 직업으로 삼는다면 최선일 것이다. 몰입의 즐거움과 이로움을 함께 누릴 수 있기 때문이다. 그러나 실제로 그렇게 할 수 있는 사람은 그리 많지 않다. 직업 선택은 냉혹한 현실 속에서 이뤄지기 때문이다. 직업은 생업이므로 선호보다는 능력 분야를 위주로 선택될 가능성이 큰 것은 사실이다. 그렇게 되면 몰입의 즐거움은 많이 줄어든다. 이럴 때는 직업으로 선택하지 못했던 선호 분야에서 몰입을 느끼면 된다. 과학자가 연구에 몰입하다 지치고 힘들 때 음악을 들으면 위안이 되고 용기가 생기는 경우다. 여하튼 선호 분야에서든 능력 분야에서든 직업으로든 취미로든 우리 아이들이 저마다 몰입을 경험하게 하는 것은 대단히 중요하다.

아이들 각자가 자신의 재능 분야를 전공과 직업으로 삼아서 몰입의 즐거움과 이로움을 한껏 누리게 만드는 것이 다중지능 시대 부모의 가장 중요한 역할임을 잊지 말자.

다중지능이 주는 삶의 행복은 주관적이다

재능 발현을 통한 개인의 성취를 평가함에 있어서 객관성은 큰 의미가 없다고 본다. 자신의 재능에 적합한 분야에서 일을 하는 사람은 일단 스스로 행복해서 좋다. 사람은 누구나 자기가 좋아하는 일, 하고 싶은 일을 하고 있으면 그 자체로 이미 행복하다.

그러니 평가 대상은 결과가 아니라 과정이어야 하고, 평가의 주체는 남이 아니라 자기 자신이어야 한다. 남들은 대단치 않게 여기는 성과도 사람에 따라 대단한 성과일 수 있고, 남들은 대단하게 여기는 성과도 개인에 따라선 대수롭지 않게 여길 수 있다. 남이 보기에 얼마나 성취했느냐가 아니라 자기의 성취에, 자신의 삶에 자기 자신이 얼마나 만족하느냐가 중요하다.

행복을 판단(평가)하는 주체는 남이 아니라 자신이 되어야 하고, 평가의 대상은 성취의 '결과'가 아니라 '과정'이 되어야 한다. 행복은 그것이 목표(결과)가 되었을 때는 절대로 찾아오지 않는다. 행복은 개인 외부에 따로 존재하는 목표나 결과물이 아니라, 목표를 향해 나아가는 과정에서 저절로 얻어지는 내적 충만감이기 때문이다.

외재적 동기와 내재적 동기는 다르다. 외재적 동기란 행동을 촉발하는 요소가 아이 밖에 있고, 내재적 동기는 그 요소가 아이 내부에 있다. 이를테면 아이가 좋은 점수를 받으면 과자를 사준다는 부모의 제의 때문에 공부를 열심히 하면 외재적 동기가 되고, 공부 자체에 흥미가 있어서 열심히 하는 것은 내재적 동기가 된다.

그런데 어린 아이일수록 내재적 동기보다는 외재적 동기가 강하고, 성장할수록 내재적 동기가 힘을 얻는다. 외재적 동기가 강하다는 것은 행복감을 낳는 요소가 아이 밖에 존재함을 의미하고, 내재적 동기가 강하다는 것은 행복감을 촉발하는 요소가 아이 내부에 있음을 시사한다. 어느 행복이 더 가치가 있고 중요한지는 더 이상 말할 필요가 없을 듯하다. 남이 주는 행복에 매달리는 사람치고 진정으로 행복한 사람은 없을 것이니 말이다.

우리 아이들이 장차 재능의 충분한 발현을 통해 몰입과 자아실현을 이룬 다중지능형 인간이 될 수 있다면 이러한 행복과 충만감은 저절로 찾아오리라 믿는다. 그러므로 이미 좋아하는 일을 열심히 하고 있는, 그래서 결과보다는 과정에 충실하고 있는 아이에게는 함부로 외적인 보상을 하지 말아야 한다. 좋아하는 일을 열심히 한다는 것은 내재적 동기가 작동되고 있다는 뜻이다. 이런 경우 성취에 대한 판단을 부모 주관적으로 해서는 안 되고, 아이의 기준에 맞추는 것이 중요하다. 물론 부모로서 어려운 일이지만 말이다. 내적 동기가 잘 유발되고 있는 아이에게 부모의 주관적 판단에 의한 외적 보상을 할 경우, 충만해 있던 아이의 내적 동기가 손상될 수 있다.

인간은 참으로 오묘한 존재다. 칭찬은 고래를 무작정 춤추게 하는지 모르지만, 사람의 경우는 많이 다르다. 남의 칭찬보다도 자기 자신의 칭찬에 의해 춤을 추는 경우가 더 많다. 이처럼 재능의 최대한 실현, 즉 자아실현이 주는 행복은 주관적인 행복이다. 다중지능이 중요한 것은 그것이 재능의 실현을 통한 자아실현과 몰입, 그리고 그로 인한 삶의 행복에 직접 기여하기 때문이다.

6

다중지능형

부모의 역할은 자녀에게 길을 보여 주는 역할을 해야지

인재로 만드는

어떤 길이든 강요해서는 안 된다. 냉정하고 겸손한 탐색자가 되어야지

부모의 힘

열정적이고 오만한 해결사가 되어서는 안 된다.

'의미 있는 타인'은
누구이며 왜 중요한가?

    의미 있는 타인이란 한 사람이 자기 재능을 찾아 전공과 직업 분야를 찾고 그 분야에서 재능을 충분히 실현하는 과정에 영향을 미치는 주위 사람들을 일컫는다.

    이 '의미 있는 타인'은 IDF 모형(p193 참조)에서는 필드(Field)에 해당한다. 필드에는 의미 있는 타인 외에 사회 문화적인 배경(환경)도 포함되어 있다. 그러나 이 책에서는 개인의 재능 실현에 영향을 미치는 사회적, 문화적 배경도 중요하지만 의미 있는 타인의 역할이 더욱 중요하다고 보고 그것에 초점을 맞추기로 했다.

    아이가 자기 재능에 맞는 분야를 잘 선택하여 능력을 발휘하는 데는 자신의 노력도 중요하지만 부모나 스승, 지지자나 경쟁자, 그 분야의 전문가 등 주위 사람들의 역할도 아주 중요하다.

그런데 이 의미 있는 타인들이 만들어주는 배경은 물리적인 공간이 아니라 심리적인 공간이라는 점에 유의할 필요가 있다. 운동선수들에게 경기장은 물리적인 장이지만 심리적인 장으로서도 작용한다. 아니, 물리적인 장보다는 심리적인 장이 더 큰 영향을 미친다고 볼 수 있다. 선수들은 경기장 자체보다는 관중의 함성이나 야유에 의해 더 큰 영향을 받기 때문이다.

5장에서 말한 다중지능형 아이로 키우는 세 가지 조건들, 즉 개인의 특성(재능과 인성), 전공과 직업(활동 분야), 의미 있는 타인은 아이가 성장하고 재능을 실현하는 과정 내내 계속 활발한 상호작용을 한다. 재능 탐색기(유아, 아동기)와 전공 선택기(청소년기), 직업 선택기(성인기)를 거치는 동안 계속해서 서로 영향을 주고받는다는 말이다. 물론 각 단계마다 상호작용의 수준과 내용은 각각 다르게 마련이다.

재능실현의 이상 궤도와 실제 궤도는 어긋날 수 있다고 했다. 물론 두 궤도가 괴리되지 않고 일치할수록 혼란은 줄어들고, 재능이 최대한 계발·발휘되는 만족감과 행복감을 많이 누릴 수 있다.

그런데 어떻게 하면 두 궤도를 일치시킬 수 있을까? 일단 각자의 개인적 각성과 노력이 필요하다. 하지만 이미 숲 속에 들어가 있으면 숲을 볼 수 없고 삶 속에 잠겨 있으면 자신의 삶을 객관적으로 돌아보기 어렵게 마련이다. 어린 자녀들로선 자기 힘으로 재능을 살피고 그에 적절한 분야를 찾아 노력하기란 더욱 어려운 일이다. 그렇기 때문에 의미 있는 타인들의 역할이 중요하다.

의미 있는 타인들은 자녀의 재능 탐색기, 전공 선택기, 직업 선택기 등 모든 단계에서 일정한 역할을 맡고 있다. 재능 탐색기에는 재능(강점 지능)을 찾기 위해서, 전공 선택기에는 그 재능에 적합한 분야를 찾기 위해서 필요하다.

그렇다면 직업 선택기에서 '의미 있는 타인'들은 어떤 역할을 할까? 전공 분야와 직업 분야는 반드시 일치하는 것은 아니어서 전공 분야에 적합한 직업 분야를 찾는 데 다소 혼란이 있을 수 있고, 강점 지능 발현의 이상 궤도와 실제 궤도 역시 반드시 일치하는 게 아니어서 적지 않은 시행착오를 겪을 수밖에 없다. 그래서 가야할 길에서 벗어나 있을 때, 아니면 가야할 길이 어딘지 모를 때, 의미 있는 타인들의 역할이 중요해진다.

한 개인의 성취를 판단하는 전문가 집단도 의미 있는 타인이 된다. 그래서 개인의 업적에 대한 평가는 특정 시공의 영향에서 벗어나기 어렵게 되는 것이다.

그러다 보니 예술가나 작가, 과학자 중에는 생전에 인정받지 못하다가 사후에 인정받는 경우가 많다. 고흐와 루소가 그랬고, 갈릴레이와 코페르니쿠스가 그랬다. 특히 '그래도 지구는 돈다'는 갈릴레이의 한탄은 당대 지식인들의 집단적 우매함에 대한 조용하면서도 통렬한 비판이었다.

이처럼, 한 사람이 자신의 재능을 특정 분야에서 발휘하는 과정에서 당시의 사회문화적 환경이나 배경 같은 외부 변수들이 큰 영향을 미칠

수 있고, 재능 실현의 이상 궤도와 실제 궤도 역시 여러 가지 이유로 어긋

날 수 있다. 의미 있는 타인의 역할은 그래서 중요하다.

부모는 아이에게
가장 의미 있는 타인이다

의미 있는 타인 중에서 가장 중요한 사람은 부모다. 부모는 자녀에게 생명의 근원일 뿐만 아니라 평생에 걸쳐 강력하고 든든한 후원자이기도 하다. '한 번 부모면 영원한 부모'인 것이다. 부모는 자녀의 재능 탐색과 전공 및 직업 선택 과정에서 계속 적극적인 역할을 해야 한다.

그러나 앞서도 말했지만, 부모의 역할은 자녀에게 길을 보여 주는 역할을 해야지 어떤 길이든 강요해서는 안된다. 냉정하고 겸손한 탐색자(내비게이터)가 되어야지 열정적이고 오만한 해결사(터미네이터)가 되어서는 안된다.

자녀가 전공 또는 직업 선택기에 이르면 자녀 스스로 주도성을 발휘하고 부모는 뒤에서 그냥 조용히 지켜보면서 정서적인 지지나 기타 필요한 지원만 해주면 되는데, 교육열과 내리사랑이 유난히 강한 이 땅의 부모들 중에는 그렇지 않은 경우가 많다.

가장 위험한 경우는 부모가 자녀를 자신의 분신으로 보는 것이다. 부모와 자녀는 재능이나 성격, 기질 등 모든 면에서 차이가 날 수밖에 없는데, '다름'을 인정하지 않으려 한다. 그래서 재능 탐색이나 전공 또는 직업 선택에까지 영향을 미친다. '너는 내 운명'이라 외치면서 아이에게 자기의 기대와 기준을 들이대고 자신의 모든 것을 쏟아 붓는다.

하지만 냉정히 생각해 보라, '의미 있는 타인'도 결국은 '타인' 아닌가. 부모도 결국은 타인이라는 것이다. 그러니 부모는 자녀의 재능이나 능력을 제3자의 입장에서 객관적으로 보려고 노력해야지 자신의 기준이나 기대로 봐서는 안 된다. 자신의 몸에서 났지만 엄연히 자기와는 다른 재능과 능력, 특성을 지닌 독립적 존재임을 한시도 잊어서는 안된다.

신은 모든 곳에 있을 수 없기에 어머니를 만들었다

'신은 모든 곳에 있을 수 없기에 어머니를 만들었다'는 말도 있지만, 뛰어난 성취를 보인 사람의 뒤에는 대부분 어머니가 있다고 보면 된다. 하인스 워드가 그랬고 정명훈이 그랬다. 이 글을 읽는 이의 대부분도 그럴 것이다.

이처럼 특별한 성취를 보인 사람들의 뒤에는 어머니가 존재하는 경우가 많았다. 그런데 모차르트의 경우에는 아버지였다. 모차르트는 5세에 작곡을 하고 8세에 교향곡, 13세에 오페라를 작곡했으니 가히 음악의 신동이고 천재라 부를 만하다.

그런데 모차르트의 재능실현 과정에서는 아버지의 특별한 노력이 있었다. 모차르트의 아버지는 대학에서 철학과 법학을 전공했지만 마음은 늘 음악에 가 있었다.

그는 결국 늦게라도 음악을 직업으로 삼는다. 다중지능형 자녀교육의 관점에서 보면 재능과 분야의 불일치, 불협화음을 견디지 못하고 결국 재능에 맞는 분야를 다시 선택한 것이다.

이러한 혼란을 겪은 아버지는 아들의 음악적 재능을 살리기 위해 자신의 모든 것을 바친다. 그래서 음악 수업은 물론 다른 과목까지 손수 가르친 것이다. 요즘 용어로 치면 홈스쿨링쯤 되지 않을까 싶다.

이는 모차르트로 보면 대단한 행운이었을 것이다. 부모와 전문가는 모두 자녀의 재능실현에 중대한 영향을 미치는 의미 있는 타인인데, 자신의 재능을 알아주는데다 상당한 음악적 재능을 지닌 전문가인 아버지로부터 직접 가르침을 받았으니, 그 정도면 완벽한 타인이지 않은가.

그런데 모차르트의 아버지와 박지성의 아버지는 좋은 비교가 된다. 두 아버지의 역할이 다소 달랐던 것이다. 모차르트의 경우는 아버지도 음악가라서 전문가 역할까지 맡았지만, 박지성 선수의 아버지는 전문가 역할 대신에 부모로서 물질적이고 심정적인 지원을 아끼지 않았다.

부성이 강하기로 소문난 아버지는 왜소한 체격을 지닌 어린 아들에게 고기라도 실컷 먹이겠다며 직장을 그만두고 정육점을 차렸을 정도다. 또 객지에서 외롭게 지내는 아들을 위해 지금도 1년의 절반 이상을 영국에 머문다고 한다. 그러니, 어머니도 위대하지만 아버지도 참 위대하지 않은가.

부모는 자녀의 재능 탐색, 전공 선택, 직업 선택 등 강물처럼 이어지는 일련의 흐름에서, 가장 중요한 역할을 해야 하는 의미 있는 타인이다. 스스로 적절한 역할을 맡아야 함은 물론, 자기 이외의 다른 '타인들'이 자녀의 재능실현 과정에서 적절한 역할을 하고 있는지도 끊임없이 살펴보고 대처해야 하는 막중한 임무를 지니고 있다. 한 번 부모면 영원히 부모이기 때문이다.

부모 외의 의미 있는
타인도 아이의 인생을 이끈다

자녀가 성장하면서 재능을 탐색하는 단계를 지나 전공과 직업 분야를 선택하는 시기에 이르면 부모보다는 다른 '타인들'의 역할이 점점 커지고 중요해진다.

부모는 자녀의 재능 분야의 전문가는 아니다. 모차르트 부자처럼 분야가 같지 않는 한, 자녀가 클수록 부모는 해당 분야의 전문가에게 자신의 역할 중 많은 것을 맡겨야 한다.

며칠 전 딸이 내게 느닷없는 제의를 했다. 자기가 요즘 진로에 대해 많은 생각과 고민을 하고 있는데, 그 분야의 전문가 한 사람을 알려달라는 것이다.

아빠도 교육학자인데 아빠와 의논하면 안 되겠느냐고 물으니 일언지
하에 거절한다. 아빠는 부모이기 때문에 객관적인 자문이 어렵다는 것이
다. 그 말을 듣는 순간엔 일견 서운한 마음이 들었지만, 이내 생각을 바꿨
다. 참으로 옳은 판단이라고 말이다.

여하튼 자녀의 재능실현에 영향을 미치는 의미 있는 타인에는 부모 말
고도 여러 사람이 있다. 이제 부모 이외에 누가 있고, 어떤 역할을 하는지
자세히 살펴보자.

스승 또는 감독·코치 : 신경숙, 박지성, 김연아

재능 탐색기를 지나 전공·직업 선택기에 이르면 부모의 역할
이 점차 축소되거나 단순해지면서 '타인'을 구성하는 면면이 달라지고
비중도 달라지는데, 스승은 이때 등장하는 새로운 '타인'이 된다.

소설가 신경숙은 시골에서 중학교만 마치고 상경하여 낮엔 구로공단
에서 일하고 밤엔 산업체 특별학급(야간 고교)에 다녔다. 그리고 후일 공
단에서 일한 경험과 어린 시절의 성장 경험을 종합하여 〈외딴방〉이란 자
전적 소설을 썼다. 소설가 신경숙의 오늘이 있게 된 데는 고교 담임이자
국어 교사인 최홍이 선생님의 역할이 결정적이었다.

신경숙이 도심 한복판에 날아든 한 마리 나비처럼 연약하고 어색한 몸
짓으로 거대 도시의 비정한 공간을 허우적거리던 시절, 주경야독의 신산
한 삶의 무게를 이기지 못하고 방황할 때, 최 선생님은 그에게 반성문을

써오라고 했다. 그래서 열일곱의 그는 대학노트에 자신이 일주일 동안 학교에 나가지 못한 이유를 썼는데, 노트의 ½이나 차지했다고 한다.

선생님은 이 반성문에서 문학적 재능의 싹을 발견하고 그에게 〈난장이가 쏘아올린 작은 공〉이란 소설책을 선물하면서 소설가가 되기를 권한다. 그날부터 열일곱의 신경숙은 '난쏘공'을 늘 품에 안고 다니면서 읽고 또 읽으며 소설가의 꿈을 키웠다.

박지성 선수에게는 허정무, 히딩크, 퍼거슨에 이르는 감독들의 역할이 중요했다. 특히 히딩크 없는 박지성은 없다고 할 정도로 히딩크 감독의 역할은 컸다.

그런데, 초창기에 박 선수의 가능성을 한눈에 알아보고, 주변의 곱지 않은 시선에도 불구하고 국가대표로 발탁한 이는 현 국가대표팀의 허정무 감독이다. 그러니 허 감독이 없었으면 박지성의 존재는 히딩크나 퍼거슨 감독에게는 '이름 없는 몸짓'에 지나지 않았을 것이다.

그런데 절묘하게도 박 선수가 히딩크의 강력한 요청으로 네덜란드 아인트호벤에 몸담았을 때 그 팀이 유럽 챔피언스리그 4강에 오르면서 박지성은 맨체스터 유나이티드의 퍼거슨 감독에게도 '이름 있는 꽃'이 될 수 있었으니, 아무리 유능한 선수라도 언제 어디서, 어떤 지도자를 만나느냐에 따라 재능실현에는 큰 차이가 나게 마련이다.

박지성 선수에게 감독이 중요한 역할을 했다면 김연아 선수에게는 코치의 역할이 결정적이었다. 김연아 선수가 자신의 신체운동지능을 최대한 발휘하여 피겨 여왕에 오르기까지 본인의 재능과 노력도 큰 역할을 했겠지만 오셔 코치로 대표되는 세계적 수준의 코치진의 역할도 상당히 컸다.

2007년 11월, 러시아에서 열린 피겨 그랑프리 5차 대회의 프리 스케이팅에서 김연아는 세계 최고 점수인 133.79점을 따내 우승하는데, 당시 중요한 역할을 한 것은 발레였다고 한다. 김연아는 피겨 선수치고는 몸이 뻣뻣한 편이었는데, 발레 기술을 접목하면서 스케이팅 기술과 무용 기술을 결합하여 '달리는 발레리나'가 되어 좋은 결과를 낳았다.

여기에는 캐나다 출신의 브라이언 오셔 코치의 역할이 결정적이었다고 한다. 그는 김연아에게 부족한 1%를 알아내고 이를 보완하기 위해 캐나다로 가서 세계적인 발레리나, 이블린 하트에게서 발레를 배우게 했다. 프리 스케이팅 '미스 사이공'에서의 탁월한 감성 연기는 바로 이런 발레 교습의 결실이라고 한다.

덕분에 김연아는 그랑프리 5차 대회에서 우승을 한다. 스케이팅과 발레는 '몸으로 말하는 언어'라는 공통점이 있는데, 오셔 코치는 이 두 분야를 연결시켜 김연아 선수를 세계 정상의 자리에 올려놓은 것이다.

이러한 전문가의 안목과 노력이 김연아 선수의 빼어난 재능(신체운동지능)과 인성(초연함과 인내심 등)과 완벽한 조화를 이루었고, 이런 환상적인 조화는 김 선수가 부쩍 까다로워진 채점기준에도 불구하고 경이로운 점수로 우승하게 만든 원동력이 된다.

그런데 김연아 선수가 어릴 때 피겨 스케이팅을 시작하게 된 계기 역시 코치가 제공했다. 유치원생 때의 코치가 김연아의 가능성을 처음으로 확인하고 강력히 권유했다고 한다. 될성부른 나무의 떡잎을 제대로 알아본 전문가의 안목이 오늘의 김연아를 있게 한 밑거름이 아닌가싶다.

이처럼 의미 있는 타인들은 한 개인의 재능이 그에 적합한 분야에서 활짝 피어나는 데 중요한 역할을 하는 요소다. 개인의 재능과 활동 분야 사이의 튼튼한 상호작용은 의미 있는 타인들의 든든한 지원을 받음으로써 최종적인 결실을 거두기 때문이다.

■ 배우자 : 김기창 부부

배우자도 재능을 실현하는 데 큰 영향을 미치는 의미 있는 타인이다. 부부가 한평생 한 마음, 한 뜻으로 의기투합해서 두 줄기 철길처럼 앞을 향해 함께 나아갈 수 있다면, 그보다 더 좋은 타인이 또 어디 있으랴.

먼저 운보(雲甫) 김기창 화백 부부를 보자. 운보의 일생에 결정적인 영향을 미친 세 여성이 있는데, 외할머니와 어머니, 그리고 아내 우향(雨鄕) 박래현이라고 한다. 운보의 자서전에서, 어릴 적부터 청각 장애인인 그가 말을 깨치도록 하기 위해 외할머니와 어머니가 기울인 헌신적인 노력을 대하면 경건한 마음을 금치 못한다.

아내 우향은 운보에게 평생의 반려인 동시에 예술적 동지였다. 예술이라는 공통의 생애 목표와 지향점이 있었기에, 학벌도 신통치 않고 가난하며 직업도 변변치 못한 데다 청각 장애까지 지닌 운보를 친정 부모의 결사적인 반대에도 불구하고 배우자로 맞이할 수 있었고, 그 덕분에 두 사람의 재능은 활짝 피어날 수 있었다.

그런데, 지금 가만히 헤아려보니 운보와 우향은 원래 천생연분이었던 것 같다. 운(雲), 즉 구름은 본래 우향(雨鄕), 즉 비의 고향 아니었던가. 그래서 운보 부부는 더욱 아름다운 조화를 이루었고, 서로의 울타리 안에서 부부는 서로 위하고 격려하면서 자신의 재능을 한껏 빛낼 수 있었다.

■ 해당 분야의 전문가 : 소설가 박경리 등

얼마 전 타계한 소설가 박경리는 문학에 입문한 초기에는 시에 관심이 있었지만 문단의 대선배인 김동리 선생의 조언으로 소설 쪽으로 전환하여 탁월한 소설가가 되었다.

우리 집의 '어린 작가님'도 약대 재학 중에 신춘문예에 당선되어 대학 전공을 문학 쪽으로 바꿔야 하는 게 아닌가 하고 심각한 고민을 하다가, 당선 환영회에서 만난 문단 선배 몇 분으로부터 '전업 작가보다 전문직 종사자로서 다양한 경험을 하면서 글을 쓰는 것이 훨씬 더 낫다'는 조언을 받고 마음을 돌린 상태다. 우리 집 작가님에겐 부모의 열 마디 말보다 전문가의 말 한 마디가 더욱 효과가 컸을 것이다. 부모로서 서운해 할 이유가 없는 당연한 일이다.

바로 앞에서 말한 스승이나 코치, 감독도 그 분야의 전문가로서 의미 있는 타인 역할을 톡톡히 해낸 경우라고 볼 수 있다. 그들의 역할까지 부모가 맡기에는 너무 벅차다. 그러니 부모는 부모 역할에 충실하고, 전문적인 부분에 대해서는 해당 분야 전문가의 도움을 받는 것이 좋다.

좋은 필드를 만나면
인생이 풍요로워진다

　지금까지, 한 아이의 재능 실현을 통해 행복한 삶을 살아가기 위해서는 '의미 있는 타인'과의 상호작용이 필요하며, 그 가운데 부모의 역할이 크다는 사실에 대해 설명하였다. 부모 이외에 다양한 관계를 가진 사람들 역시 의미 있는 타인이 되어 개개인의 삶에 상호관계를 맺고 있음에 대해서도 알아보았다.

　의미 있는 타인, 즉 필드의 역할에 따라 인생이 달라진 두 사람의 교육학자를 소개하고자 하는데, 루소와 가드너가 바로 이들이다. 두 사람은 교육의 물줄기를 돌려놓는 데 크게 기여했다는 공통점을 갖고 있다. 루소는 18세기 중반에 권위적인 전통적 교육의 한계를 인식하고 아동중심

교육을 역설하여 교육의 새로운 지평을 열었고, 가드너는 20세기 후반에 전통적인 지능(IQ)의 한계를 인식하고 그 대안으로 다중지능이라는 새로운 지능 개념을 제안하여 교육의 흐름을 크게 돌리고 있는 중이다.

그런데 두 사람의 필드는 사뭇 다르며, 그래서 성취의 양상이 다르고 삶의 자취 또한 상당히 다른 점은 매우 흥미롭다. 먼저 루소의 경우를 보자. 〈에밀〉에 나타난 루소의 아동중심 교육론은 당시 교육의 주류를 형성하고 있던 성인 중심, 통제 중심의 전통적인 아동교육관을 뿌리째 흔들어 놓았다.

아이는 어른과 다르니 아이답게 키워라! 이것은 오늘날에는 너무도 당연한 교육론이지만 당시에는 아이를 망치는 매우 위험한 발상이라는 평가를 받았다. 그래서 루소는 당시 주류 사회로부터 엄청난 박해를 받는다. 선구자의 생애가 대부분 그렇지만, 너무 이른 봄에 꽃봉오리를 터뜨려 세찬 바람에 떨고 있는 한 송이 개나리꽃처럼 그의 재능의 꽃은 시대를 너무 앞서 피어나는 바람에 모진 세파를 감내해야 했던 것이다.

루소는 스위스와 영국 등을 전전하는 도피생활을 하고 나중에는 파리 근교의 어느 외딴 곳에서 쓸쓸히 생을 마감한다. 그곳에서 홀로 숲 속을 거닐며 마지막으로 남긴 작품이 바로, 읽는 이의 심금을 울리는 〈고독한 산책자의 몽상〉이다.

그런데 루소가 척박한 땅에서 온갖 시련을 견디며 싹을 틔운 새로운 교육론은 후대에 이르러 아동의 흥미와 욕구를 존중하는 진보주의 교육 사상으로 연결된다. 그래서 오늘날 열린 교육의 이념적 토대로서 현대 교육의 중요한 한 축을 담당하고 있다. 루소의 필드는 당대에는 맹렬한 반대자들로 구축되었고, 사후 오랜 세월이 지난 후에는 열렬한 지지자들로 형성되어 각기 다른 영향을 미친 것이다.

이에 비해 가드너의 필드는 상당히 다르다. 그래서 그의 삶이나 성취 역시 루소와는 사뭇 다른 양상을 보일 수밖에 없다. 가드너는 1983년 〈마음의 틀(Flames of Mind)〉이라는 책을 통해 다중지능이론을 세상에 내놓았다. 그는 단지 IQ의 문제점을 파악하고 새로운 지능 개념을 세상에 내놓은 것에 불과한데, 세상은 후대가 아닌 당대에 이미 가드너 자신도 깜짝 놀랄 정도로 폭발적인 관심을 보였다.

물론 그를 비판하거나 수정을 요구하는 이도 있었다. 이러한 지지와 비판을 받아들여서 가드너는 25년에 걸쳐 자신의 이론을 더욱 더 정교하게 가다듬어 오늘에 이른다. 실제로 그의 최근 저서를 보면 전 세계의 독자 또는 지지자들이 제기하는 많은 질문에 상세히 응답하는 내용이 상당 부분을 차지한다. 가드너는 루소와는 달리, 당대 사회와 학계의 무수한 찬사와 지대한 관심 속에서 자신의 이론을 계속 업그레이드 하고 있으니, 세상에 그보다 더 행복한 이론가가 어디 있고, 그것보다 더 좋은 필드가 또 어디 있을까 싶다.

그러니까 다중지능이라는 새로운 분야를 개척한 가드너에 대해서 전 세계적으로 많은 지지자와 비판자들이 등장하여 필드를 구성했고, 그는 그 필드의 중심에 우뚝 선 것이다. 그래서 자신이 그 필드에 영향을 미치기도 하고, 필드로부터 영향을 받기도 했다. 마치 경기장에서 선수들이 관중에게 영향을 미치는가 하면 관중 역시 선수들에게 영향을 미치는 것처럼 말이다.

이렇게 본다면 루소는 당대에는 불행했지만 후대에는 행복한 개척자이고, 가드너는 당대는 물론 후대에도 행복한 개척자라고 볼 수 있겠는데, 이 사실만 봐도 한 개인의 재능은 그에 대한 지지자 혹은 경쟁자로 구성되는 필드와 긴밀한 상호작용을 한다는 관점은 꽤 설득력이 있다고 말하고 싶다.

'렛잇비',
나의 자녀교육 철학

마지막으로 내 딸들에 대한 이야기로 마무리하고자 한다. 이 책을 쓰면서 나는 그동안 내 아이들에게 얼마나 '의미 있는 타인'이었는지 돌아보지 않을 수 없었다. 나는 교육학자로서 '좋은 교육은 바로 아이의 특성에 맞는 교육'이라는 믿음을 갖고 있었다. 현실 속에서 항상 아이들과 부대껴야 하는 아버지로서는 이런 신념을 실천하는 데 다소 어려움이 있었지만, 나는 교육학자로든 아버지로든 그 원칙에 충실하려고 노력했다.

두 딸의 특성은 상당히 달랐다. 큰딸, 지현이는 개성과 의지가 강했고 호기심도 많아 엉뚱한(?) 일을 많이 벌였고, 둘째 우현이는 개성은 좀 약하지만 주어진 틀 안에서 최선을 다하는 스타일이었다. 큰 아이가 울타리 너머에 관심이 있었다면 둘째는 울타리 안쪽에 관심이 있었다.

나는 이런 두 아이의 특성을 파악하고 그에 맞는 대응을 했다. 큰 아이에 대해서는 뒤에서 지켜보는 입장이었지만, 둘째에 대해선 부모로서 적극적인 역할을 한 것이다.

나의 자녀교육 철학이나 방식이 정답은 아니겠지만, 저마다 다른 개성과 스타일을 지닌 자녀들을 키우는 부모에게 도움은 될 것이라 믿는다.

When I find Myself in Terms of Trouble

Mother Mary Comes to Me

Speaking Words of Wisdom, Let it be

내가 어렵고 힘들 때

어머니께서 다가와,

지혜로운 말씀을 해 주셨어요.

순리에 맡겨라(내버려 두어라).

비틀즈의 히트곡 '렛잇비'는 내가 하이틴 시절에 아주 좋아했던 노래다. '순리에 맡겨라, 내버려 두어라'는 뜻의 이 노래가 전 세계의 수많은 사람들, 특히 세상살이에 상처받은 사람들의 심금을 울린 까닭은 무얼까? 한마디로 렛잇비의 메시지는 무얼까?

케세라세라, 즉 될 대로 되라는 자포자기일까? 그건 아니라고 본다. 내

일에 대한 희망이다. 현실에 대한 긍정 속에 싹터 나오는 내일에 대한 희망이고 미래에 대한 낙관이라고 본다.

"지금 이 모든 것을 있는 그대로 다 받아들여야 한다. 그래야 내일이 있고 미래가 있다"는 메시지였다. 그것은 인생에서 '결과에 대한 집착'이 아니라 '과정에 대한 애착'이기도 했다.

렛잇비는 젊은 시절의 내겐 생활의 신조이자 삶의 철학이었다. 그런데 중년의 내겐 자녀 양육과 교육의 신념이 되었다. 나는 아이들에게 항상 공부의 결과에 매달리지 말고 과정을 즐기라는 말을 했고, 크게 간섭하지 않았다. 내가 그렇게 커왔으니 내 아이들도 그렇게 키우는 건 당연하지 않을까?

지현이의 경우가 특히 그랬다. 지현이는 자기 주관이 워낙 뚜렷하고 자유로움을 추구하는 성격이었고, 나는 그런 점을 충분히 이해하고 있었다. 아니 이해보다는 동감이고 공감에 더 가까울 것이다. 나 자신이 그런 사람이고, 그렇게 살아왔으니까 말이다.

물론 나도 부모인지라 내 아이들이 내가 원하고 예상하는 대로 하기를 바란 적은 더러 있었고, 그런 기대가 충족되지 않았을 땐 땅을 치고 벽을 두드릴 만큼 답답한 때도 있었음을 기억한다. 하지만 그런 때도 나는 크게 간섭하거나 통제하지 않고 '내버려 두었고' 결국 그것은 옳았다.

그런 가운데 지현이는 외적 통제가 별로 없는 자유로운 상태에서 자신의 세계를 키워나갈 수 있었다. 대학에 무난히(?) 진학하고 신춘문예에 당선된 것은 그런 과정이 낳은 결과라고 볼 수 있겠다.

'렛잇비'의 조용하고 차분한 멜로디와 리듬은 오늘도 내게 낮은 목소리로 힘차게 말한다. 그냥 내버려 두라고.

■ 있는 그대로 인정하기

아이가 신춘문예에 당선된 이후 나는 많은 사람들에게서 부모의 역할이 참으로 컸다는 '칭찬 아닌 칭찬'을 자주 들었다. 그런데 그런 칭찬을 들을 때마다 나는 당혹감을 감출 수 없었다. 아무리 생각해도 렛잇비 외엔 내가 부모로서 아이를 위해 특별히 역할을 한 게 없었기 때문이다.

그래도 아이가 아무도 예상치 못한 일을 해낸 데다 그런 얘기까지 자주 들다 보니 나는 요즘 그동안 내가 아이를 위해 무슨 역할을 했는지를 돌아보게 되었는데, 한 마디로 요약하자면 '렛잇비 원칙'이다. 부모로서 렛잇비 하기가 쉽지 않은데 그걸 해냈으니 대단하다는 말이다.

우리 부부는 지현이에 대해서는 억지로 무엇을 하려거나 어떤 것을 강요하지 않았다. 부모로서 참으로 어려운 일이고, 남이 들으면 '무슨 부모가 그래?' 하고 한마디 하고 넘어 갈 일이지만, 그렇게 할 수밖에 없었다. 왜냐하면 그 아이에게는 성인 권위자의 지시나 강요가 전혀 효과가 없고 역효과까지 낳을 수 있으며, 오히려 렛잇비 했을 때 결과가 더 좋음을 확실하게 믿고 있었기 때문이다.

물론 도덕이나 윤리적으로 문제가 있을 경우에는 엄히 다스렸지만, 그렇지 않은 경우엔 최대한 자유와 자율을 보장해 주었다.

그런데 부모도 렛잇비 했지만, 정작 아이 자신도 스스로를 렛잇비 했다고 한다. 지현이는 지금까지 자신의 삶을 '어쩌다 보니'로 이야기한다. 어쩌다보니 수학이 좋아졌고, 약학도 좋아졌다. 그 후엔 어쩌다 보니 연극이 좋아졌고, 그래서 어쩌다 보니 신춘문예까지 당선되었다고 말한다. 하긴 억지로, 인위적으로는 절대로 이룰 수 없는 일들이었다. 그 아이는 철저하게 자신이 좋아하는 것만 공부했고, 하고 싶은 것만을 했다.

다중지능을 접하면서 더욱 렛잇비에 대한 믿음이 강해졌다. 아이들의 다양한 재능을 있는 그대로 인정하고 한껏 키워주자는 것이 다중지능의 기본 입장이기 때문이다.

'방관'이 아닌 '관망'

부모가 자식을 렛잇비 방식으로 키웠다고 말하면 사람들은 한결같이 묻는다. 사랑하는 자녀에게 어찌 그럴 수 있었느냐고.

그런데 나도 부모인데 '방관'이야 가능했겠는가. 그것보다는 '관망'이 더 적합한 표현일 것이다. 그런데 그런 관망은 어떻게 해서 가능해졌을까?

무엇보다도 부녀간의 기질의 동질성과 그로 인한 경험의 동질성을 원인으로 들고 싶다. 나는 천성적으로 자유분방해서 정해진 틀을 싫어했고, 낭만적이고 낙관적인 기질을 갖고 있었다. 그래서 어렵고 힘든 여건 속에서도 최대한 그런 삶을 살았다.

부녀간의 기질의 동질성은 한 세대라는 시간의 차이를 넘어 경험의 동질성으로 이어졌다. 아이 역시 아비처럼 검정고시를 택한 것이다. 딸은 중학교를 마친 다음에 고교 진학을 거부하고 검정고시에 합격했다. 물론 사정과 이유는 달랐다. 아비는 돈이 없어서였고 딸은 제도권 교육으로는 충족시키기 어려운 학습 욕구 때문이었다.

아이가 고교 진학을 포기하고 검정고시를 선택하겠다고 했을 때 아내는 하늘이 무너지는듯 눈앞이 캄캄했다고 말하지만, 미리 예상하고 있던 나는 곧바로 승낙할 수 있었다. 드디어 올 것이 왔구나, 하고 탄식하면서. 하지만 희망과 기대, 그리고 확신은 갖고 있었음을 기억한다.

지현이가 내신 성적 등의 문제로 경기과학고에 낙방했을 때부터 나는 검정고시를 하나의 대안으로 생각하고 있었다. 남이 가르쳐 주는 틀에 박힌 공부보다는 무엇이든 스스로 공부하기를 좋아하는 아이의 기질로 보나, 교육적 여건이 그리 좋지 않은 여주의 지역적 환경으로 보나 그것도 하나의 대안으로 충분히 검토할 만하다고 생각하고 있었다.

하지만 내가 먼저 그 대안을 꺼내지는 않았다. 명색이 교육학자인 아빠가 딸더러 정규 교육을 회피하도록 이끌 수는 없지 않은가. 교육학자인 내가 학교 교육의 중요성을 모르겠는가마는, 나는 아이의 특성에 맞추는 교육이 진정으로 좋은 교육이라고 생각해왔다.

사실 학교는 교육의 3요소에 들어가지 않는다. 가르치는 사람(교수자)과 배우는 사람(학습자), 그리고 그 둘을 이어주는 매개체(교육내용)만 있으면 교육은 성립한다고 본다.

전에는 교육, 하면 무조건 학교 교육을 연상했지만, 이제는 평생 교육의 시대다. 인간의 삶이 있는 곳이면 언제 어디서든 교육은 있어야 한다. 교육을 학교라는 울타리 안으로만 제한하지는 않는 것이다. 물론 학교 교육이 그 중심에 서야 하는 것이지만.

지현이의 독창적인 세계

지현이는 자기 색깔이 뚜렷했고 신념도 분명했다. 그리고 여느 아이들과 다른 점이 참 많았다. 물론 제 동생과도 판이하게 달랐다. 그래서 나는 두 딸을 볼 때마다, '사람은 참 다른 존재로구나'라는 하는 생각을 많이 했었다.

지현이는 전복적 상상력이 뛰어났다. 전복적 상상력이란 기존의 틀을 부정하고 완전히 새로운 관점에서 볼 수 있는 능력이다. 지현이는 상상력이 아주 풍부해서 남들은 생각하지 않거나 못하는 것을 생각하는 경우가 많았다. 신춘문예 심사위원도 당선작 '변기'가 전복적 상상력이 뛰어난 작품이라고 평한 적이 있다. '신＝변기'는 기존 관념이나 패러다임으로는 상상하기 어려운 설정이라는 것이다. 현실을 뒤집어 보는 힘인 전복적 상상력에 의해서 학문도 발전하고 인류 문화도 진보한다.

공부를 할 때도 자기만의 독창적인 방법이 있었다. 지현이는 수열의 법칙에 대해 자기 방식으로 증명하고 영국의 어느 수학 교수에게 메일을 보내 자기 방식을 인정받은 적도 있었다. 논리성은 다소 부족하지만 방법은 상당히 독창적이라는 평가였다. 물론 부모 모르게 저 혼자 한 일이었고 우리는 나중에 그런 일이 있었다는 '통보'만 받았다.

경기도의 영재교육기관인 아주대 과학영재교육센터에서 교육을 받을 때도 그랬다. 지현이는 대도시에서 선행학습을 익숙하게 받은 학생들과는 상당히 달랐다. 아닌 게 아니라, 영재학급에 모인 경기도의 내로라하는 중학생 수십 명 중에서 함수가 뭔지 모르는 학생은 우리 딸 밖에 없었다고 한다.

하지만, 다른 학생들은 문제를 보면 한 가지 공식만 떠올리는데, 우리 딸은 여러 가지 공식을 생각해서 문제를 다양하게 푸는 것이 부럽다던 룸메이트의 말을 미루어 보면 아이의 독창성을 짐작할 수 있다.

하긴 영재교육센터에 선발되려고 학원에 다니지 않은 학생은 우리 딸 밖에 없었다고 하니, 학원 선행학습이 아이들의 상상력과 창의력을 얼마나 저해하는지 짐작할 만했다.

KAIST 사이버과학영재교육센터에서 캠프를 마치고 받은 평가에서도 딸의 창의성 점수가 으뜸이었다. 선행학습을 전혀 받지 않아 고정된 틀이 없었기에 가능한 일이었다. 대도시 학원에서 성행하는 선행학습은 창의성 발달과는 별 관계가 없는 듯하다.

그처럼 딸에겐 자기만의 세계가 있었다. 그 아이는 수학 문제를 풀 때도 절대로 해답을 보지 않고 자기 마음대로, 자기 방식대로 풀었고, 거기서 즐거움과 만족감을 느꼈다.

약대에 입학하여 연극을 보고 희곡을 쓸 때도 마찬가지였다. 수백 편의 연극을 보고 수백 편의 희곡을 읽었어도 연극 평론은 한 편도 읽지 않았다고 한다. 작품 그 자체가 중요하지 그 작품에 대한 제3자의 평가는 무의미하다고 본 것이다.

우리 집의 어린 작가님은 지금도 문학이나 영화, 연극이 있으면 되었지 문학평론이나 영화평론, 연극평론이 도대체 왜 필요한지 모르겠다고 생각하고 있다. 어느 날엔 평론이란 장르의 존재 의미가 과연 무엇이냐고 내게 물어서 내가 뒤통수를 한 대 얻어맞은 적도 있다. 나는 너무도 당연하게 생각했던 문제를 딸은 전혀 다르게 생각한 것이다.

이런 지현이의 세계를 감당하는 것이 때론 벅차기도 했지만, 반면 다중지능에 대해 잘 알고 있는 아버지로서 최선을 다해 '의미 있는 타인'이 되어주고자 항상 노력했다.

혼돈 속에서 빛을 발한
렛잇비 전략

앞서 나는 가장 좋은 교육이란 바로 아이의 특성에 가장 잘 부합하는 교육이라는 말을 했다. 특성이나 기질은 선천성이 강해서 후천적인 변화는 어렵다. 그러니 그것을 인위적으로 바꾸려고 노력하기보다는 그에 맞춰서 양육·교육하는 것이 훨씬 더 효과적인 방법이라는 생각이 든다.

아이를 잘 기르고 잘 가르치기 위해서 부모 된 사람이 해야 할 첫 번째 임무는 아이의 기질과 특성을 파악하는 일이다. 기질과 특성을 잘 알아야 그에 맞는 양육·교육 전략을 선택할 수 있기 때문이다.

렛잇비는 우리말로는 '내버려 둬'가 되겠는데, 그 핵심은 바로 아이의 자연성을 중시하고 자율성을 존중한다는 것이다. 그동안 내가 아이들을

다 중 지 능 혁 명

키우면서 사용한 렛잇비 전략 몇 가지를 간추려 본다.

물론 나의 전략이 이 세상 모든 아이들에게 적용할 수 있는 보편적인 것이라고는 생각하지 않는다. 사실 이 전략은 둘째 딸에게는 전혀 맞지 않아 쓸 수 없는 것이었다. 그래서 큰 아이와는 재능과 성격이 다른 둘째 역시 다중지능에 입각해 재능과 그에 맞는 분야를 찾고 있는 중이다.

요컨대 아이들마다 내적 특성은 모두 다르게 마련이니 그것에 맞는 전략이 필요할 것이다. 세상 어딘가 있을지도 모르는 또 다른 '홍지현'을 위해서, 또는 특별한 아이를 둔 부모를 위해 나의 전략 몇 가지를 소개한다.

■ 렛잇비 전략 1 : 자연성을 중시한다

사람은 인위적으로, 억지로 어떤 것을 좋아하거나 싫어할 수는 없다. 저절로 좋아지고 싫어지는 것이다. 오늘부터 음악을 좋아해야지, 수학을 싫어해야지, 하는 발상 자체가 넌센스라는 말이다. 다중지능은 이처럼 인간이 타고나는 부분을 중시한다. 물론 음악을 좋아하지 않는다고 해도 인위적인 노력에 의해 약간은 좋아할 수 있고, 운동을 잘 못한다고 해도 억지로 애를 쓰면 조금은 더 잘할 수 있다.

인간의 모든 성취나 발달은 선천적인 부분과 후천적인 부분의 상호작용의 결과여서, 타고나는 부분도 있지만 후천적인 노력에 의해 변화되는 부분도 있다. 하지만 후천적인 변화에는 한계가 있다. 어느 정도까지만 변화하고 그 이상은 어렵다는 것이다. 이를테면 음악을 싫어하는 아이에게 부모가 억지로 음악 공부를 강요하고, 아이 본인도 열심히 노력할 경우 어느 정도는 잘할 수 있지만 그 이상은 어렵다는 말이다.

나는 아이가 스스로 제 길을 찾아가는 것을 자연스럽고 당연한 과정으로 보았다. '까마득한 날에 하늘이 처음 열린 것처럼', '이 땅의 산맥들이 바다를 연모해 휘달린 것처럼', '부지런한 계절이 피어선 지는 것처럼' 당연하고 자연스런 과정이라고 믿었고, 그런 믿음으로 아이를 키웠다.

다중지능의 기본 원칙도 결국 자연성의 존중이라고 볼 수 있다. 사람은 인위적으로 어떤 분야를 좋아할 수도 없고 싫어할 수도 없다.

어떤 아이는 음악을 좋아하고, 또 어떤 아이는 수학을 좋아하는 것은 꽃이 피어나고 강물이 흐르는 것처럼 지극히 자연적인 현상이다. 아무런 이유도 필요 없는 일이다. 자연(自然)은 스스로(自) 그러한(然) 것이니까 말이다.

다중지능은 이러한 자연의 세계, 자연성의 원리를 중시한다. 운동을 싫어하는 아이에게 운동을 좋아하라고 강요하는 것은 고여 있는 물더러 강물처럼 흐르라고 다그치는 것과 같고, 음악을 좋아하는 아이에게 음악을 싫어하라는 것은 피어나는 꽃에게 왜 피어나느냐고 따지는 것과 같다.

꽃은 제 맘대로 피어나고 강물은 제 멋대로 흐른다. 이처럼 피어날 것은 피어나게 하고 흘러갈 것은 흘러가게 하는 것, 이것이 바로 다중지능의 기본 원리다.

렛잇비 전략의 구체적인 행동 지침은 '믿고 참고 기다린다'이고, 실제로 나는 그렇게 했다. 그런데 내가 이런 얘기를 하면 다른 부모들은 어김없이 묻는다. 부모로서 어린아이를 어찌 그렇게 방관할 수 있었느냐고.

공부든 인생이든 억지로, 타의에 의해 이뤄져서는 안 된다고 나는 굳게 믿었다. '인간은 선택한 만큼만 존재한다'는 실존주의자 사르트르의 말처럼, 인생은 자신의 책임 아래 자신이 만들어가는 것 아닌가. 무소의 뿔처럼 혼자서 가는 인생이 진짜 인생이며, 자유와 선택, 자기 결정권이 없는 인생은 인생이 아니라고 나는 믿었다.

그런데 '믿는다'와 '참는다', '기다린다' 중에서 믿는 것이 참고 기다릴 수 있는 근거가 된 것은 확실하다. 믿음이 없으면 참고 기다릴 수 없기 때문이다.

지현이는 항상 부모의 허락은커녕 상의도 하지 않고 혼자서 제 길을 찾아 나섰다. 아주대 영재교육센터도, KAIST 사이버과학영재교육센터도, 수학올림피아드도, 약학과 지원도, 신춘문예 응모도 모두 부모나 다른 사람과 일절 의논하지 않고 혼자서 궁리해서 실행한 것이다.

아이는 언제나 나중에 결과만 통보했다. 아이에게서 무슨 말을 들으면 그제서야 우리 부부는 그래? 그게 뭐야? 하고 물어서, 아이가 그 사이 무엇을 어떻게 했고 그 결과는 어떤지 알 수 있었다.

다행히 아이가 지금까지 누구의 지시나 통제도 받지 않고 마치 들판에

핀 한 송이 들꽃처럼 자기 세계를 구축하고 제 갈 길을 찾아 나선 결과는 항상 좋았다. 좋아서 한 일이니 열심히 하게 마련이고, 그러다 보니 좋은 결과가 나오는 것은 당연하지 않을까?

아이가 선택한 결과가 항상 옳다 보니, '저 아이는 혼자 놔둬도 무언가를 해낼 수 있겠구나, 아니 혼자 하도록 내버려 둘 때 더 잘할 수 있구나' 하는 믿음을 가질 수 있었다. 그런 믿음이 없었다면 렛잇비를 할 수 없었을 것이다. 자녀를 믿을 수 없는데도 렛잇비 하는 것은 부모의 도리가 아니지 않는가.

그런데, 나도 부모인데 그동안 왜 갈등이 없었겠는가. 언젠가는 화가 많이 났지만 아이를 때릴 수는 없어 아이 옆의 장롱문을 주먹으로 쳐서 망가뜨리는 바람에 문짝을 교체한 적도 있었다.

그처럼 길이 아닌 길을 저 홀로 만들어 가는 딸을 보며 아쉬움과 안타까움을 느낀 적도 많았다. 길을 가다 예쁜 교복을 차려 입은 여고생을 볼 적마다, '내 딸에겐 저런 여고 시절이 없고 동창도 없고 동창회도 없겠구나' 하는 생각에 마음이 편치 않은 적도 더러 있었다.

■ **렛잇비 전략 3 : 모르는 것은 모른다고 한다**

지현이는 워낙 호기심이 강해서 남들은 생각하지 않고 그냥 넘어가는 것들에 대해 생각하는 경우가 많았다. 혼자서 생각하다 풀리지 않으면 내게 묻곤 했다.

다 중 지 능 혁 명

한번은 느닷없이 문학가(文學家)와 문학자(文學者)의 구별에 대해 물었다. 문학가는 작품을 창작하는데 문학자는 그렇지 않다. 그런데 왜 문학자가 필요한지 묻는 게 아닌가.

나는 대답이 궁했다. 한 번도 생각해 보지 못한 것을 스무 살 아이는 혼자 생각하다가 풀리지 않자 내게 질문을 던진 것이다. 어떻게든 답을 해야 하는 나는 '평론도 또 다른 창작이 될 수 있지 않겠니?'라고 답은 했지만 아이는 쉽게 수긍하지 못하겠다는 표정이었다.

내가 진땀을 흘린 또 하나의 사례가 있다. 작년에 유학 사상에 흠뻑 빠져있던 아이가 갑자기 내게 인(仁)과 의(義)의 관계에 대해 물어왔다.

"아빠, 대장부와 군자는 어떻게 달라요? 대장부는 의(義)를 강조하고 군자는 인(仁)을 강조하니까 다른 거잖아? 그런데 인을 실천하는 방법이 의라고 본다면 결국은 다 통하는 것일 텐데 뭐가 달라요?"

대충 대답했다가는 '아빠는 박사에다 교수면서 그런 것도 몰라요?' 하고 다그칠 게 뻔해서 나는 내가 모르는 것, 그리고 깊이 생각해 보지 않은 것은 솔직히 시인했다. 얼핏 생각하면 당돌하다는 생각도 들었지만 나는 이내 생각을 달리해서 겸허하게 인정했다. 그건 내가 모르는 것이다, 미처 거기까진 생각하지 못했다고 무지를 솔직히 인정했다.

지현이와 대화를 나누다 보면, '저 아이는 이미 나를 넘어섰구나, 나는 스무 살 때 저렇게까지는 할 수 없었는데' 하는 생각을 할 때가 많았다.

청색은 남색에서 나왔지만(靑出於藍, 청출어람), 이미 남색보다 더 푸르른(碧於藍, 벽어람) 것이다.

부모도 모르는 것은 모른다고 솔직히 인정하는 것이 좋다. 그렇게 인정해서 깎이는 권위보다는 모르는 것을 아는 척 했다가 손상되는 권위가 훨씬 더 크고 부정적인 그림자를 남기기 때문이다.

프로이드 이론에 의하면 대여섯 살 남자아이에게 아빠는 전지전능한 존재여서, 아이는 그런 아빠와 자신을 동일시함으로써 부모 세대, 즉 기성세대의 가치와 도덕, 양심을 내면화한다.

그러나 성장기 이후의 아이들에게 부모는 더 이상 전지전능한 존재가 아니다. 전지전능하지 않다고 해서 부모의 권위가 사라지는 것도 아니고, 부모 자식 간의 정서적 유대가 깨지는 것도 아니다. '핏줄'이라는 든든한 '밧줄'이 있기 때문이다. 그러니 모르는 것이 있는 부모는 솔직히 시인하라. 그것이 자녀와 더 나은 관계를 유지하는 방법이다.

렛잇비 전략 4 : 웬만한 상식적 이탈은 그냥 넘어간다

아이는 늘 생각이 많았다. 그래서 항상 자기가 몰입해 있는 주제에 빠져 있다 보니 일상적인 문제를 등한시하거나 상식적인 절차나 과정을 소홀히 하는 경우가 더러 있었다. 슈퍼마켓에서 무얼 사 오라고 시키면 엉뚱한 것을 사 오기 일쑤였다. 마트에 가는 동안 딴 생각을 하느라 잊어버린 것이다. 학교에 제출할 과제물이나 갖고 갈 물건을 잊어버리

다 중 지 능 혁 명

고 등교하는 바람에 내가 갖다 준 적도 한두 번이 아니었다.

아이는 또한 기존 질서나 규범을 그리 중요하게 생각하지 않았다. 그것에 관해선 가슴 아픈 사연이 하나 있다. 중학교 2학년 때 미술 시간에 선생님은 주먹손을 그리라고 했는데 아이는 제 맘대로 가위손을 그려서 미술 수행평가에서 0점을 받은 적도 있다.

아이는 주먹손보다는 가위손이 너무도 멋지고 그려 보고 싶어서 그렸다는 것이다. 선생님은 아이가 지시를 어겼다고 해서 0점을 주었고, 아이에겐 그것이 커다란 마음의 상처가 되었다.

지현이는 지금도 그 일을 회상하면 마음이 울적하다고 한다. 자기가 그리고 싶은 걸 열심히 그렸을 뿐인데 어찌 0점을 줄 수 있느냐고 말이다. 그 일이 딸아이로 하여금 제도권 교육으로부터 멀어지도록 하는 계기가 된 게 아닌가 하는 생각도 들었다.

물론 나는 아이가 자기의 세계를 구축하면서 타인의 관점을 무시하지는 않는지, 자기만의 독선에 빠지지는 않는지 늘 세심히 살폈다. 그런데 대부분, 그런 점은 나타나지 않았다. 만일 자신의 독선에 빠져서 남을 무시한다면 그것은 개성이나 창의성과는 차원이 다른 문제이기 때문이다. 나는 아이를 최대한 자유롭게 해 주었지만, 도덕이나 윤리 문제까지 방임한 것은 절대 아니었다.

현대 도덕교육 이론에서는 도덕적 위반과 관습적 위반을 구별하고, 아이들에게도 이를 다르게 적용해야 한다고 말한다. 도덕적 위반과 관습적 위반은 다르기 때문이다.

예를 들어 예법이나 에티켓의 위반은 도덕적 위반이 아니라 관습적 위반이다. 인사를 할 때 동양에서는 악수를 하고 서양에서는 포옹을 하는데, 이를 어기는 것은 관습적 위반이지 도덕적 위반은 아닌 것이다. 부모들은 이 둘을 혼동하는 바람에 아이들과 불필요한 마찰을 일으키는 경우가 많다.

나이는 어리더라도 개성이 강하고 자기세계가 뚜렷한 아이일수록 관습에 저항하는 경우가 많은데 이는 당연한 것이다. 그러니 이를 도덕적 위반으로 몰아붙이면 안 된다. 그런 아이일수록 관습의 영역과 도덕의 영역을 명확히 구별하고, 관습적 위반은 최대한 관대하게 대할 필요가 있다고 나는 생각한다.

■ 렛잇비 전략 5 : 연공(年功)보다는 내공(內功)이 우선이다

호기심 많은 딸은 무엇이든 꼬치꼬치 캐묻는 스타일이었다. 한 번 대답을 하면 계속 새로운 질문이 꼬리를 물었다. 그 아이는 상대방의 대답이 자신의 생각에 논리적이지 못하면 절대 그냥 넘어가는 법이 없었다. 그것이 아이의 특성이었다.

그런데 그런 특성을 모르는 부모라면 자칫 어른한테 버릇이 없다고 여길 수도 있는 일이다. 하지만 나는 달리 생각했다. 아이는 궁금해서 묻고 또 묻는 것이니 성실히 대답해 주어야 한다고. 그리고 나이가 어리면 호기심은 더 강한 법이며, 궁금한 데는 연령이 문제가 되지 않는다고.

다 중 지 능 혁 명

또 부모와 대화를 할 때도 자신의 명확한 입장을 절대로 굽히지 않았다. 부모라고 봐 주는(?) 게 없었다는 뜻이다. 그리고 조금이라도 명확하지 않으면 릴레이식 질문을 퍼붓는다. 그래서 어떤 때는 부모에게 좀 무례한 게 아닌가 하는 생각이 들 때도 있었지만 나는 얼른 생각을 바꿨다.

나는 딸이 정말로 궁금해서 묻고 또 묻는 것이라 생각했다. 그래서 웬만한 부모 같으면 '버릇없는 아이'로 여기고 언짢아 할 수 있는 부분도 대수롭지 않게 넘길 수 있었다. 청출어람 벽어람(靑出於藍 碧於藍)일 수도 있는데, 그걸 기뻐하진 못할망정 언짢아하는 것은 부모의 도리가 아니지 않는가, 하고 긍정적으로 생각하려고 노력했다.

한 번은 이런 일도 있었다. 어느 날 우리 부부가 지현이에게 공부방을 정리하라고 말하면서 앞으로 그렇게 하겠다는 약속을 하라고 요구했다. 그런데 지현이는 잠시 생각하더니 "보장할 수 없다"는 대답을 하는 바람에 한바탕 소동이 일었다.

2006년 12월 31일 제야의 종소리를 듣기 직전이었고, 동아일보 신년호에서 딸의 자랑스런 신춘문예 최연소 당선을 알리는 가슴 벅찬 기사를 대하기 불과 몇 시간 전의 일이었다.

그런데 아이 입장에서 생각해 보니 수긍이 가는 부분이 있었다. 아이는 그렇게 할 자신이 없다는 사실을 잘 알기에, 있는 사실 그대로 밝힌 것뿐이었다. 다른 아이 같으면 "네, 알았어요" 하고 대충 넘어갈 만한 일인데 말이다.

그것은 부모에게는 당돌한 언행으로 보일 수도 있는 일이지만 우리 부부는 아이의 특성을 잘 알기에 아이 입장에서 생각해 보려고 애를 썼다. 사실 수긍이 가는 부분도 없지 않았다. 자신에겐 불가능한 일인 줄 뻔히 알면서도 거짓을 말하는 것은 올바르지 않다는 것이 아이의 입장이었던 것이다.

지현이와 대화를 하다보면 '저 아이는 무조건 미성숙자로 대해선 안 되고 성인과 대등한 존재로 대해야 하겠구나' 하는 생각이 들 때가 많다. 단순히 연령을 기준으로 해서 어른 대 아이, 부모 대 자식의 관점으로 대하지 않고, 성숙한 인격체로 대등하게 대하려고 노력했다. 연공보다는 내공을 더 중요하게 여겼다.

다 중 지 능 혁 명

다중지능 시대의 부모는
행복한 모델이 돼야 한다

'나는 바담 풍 해도 너는 바람 풍(風) 하라'는 옛말이 있다. 과연 부모가 '바담 풍', 하면 아이들은 '바람 풍'이라 할까, '바담 풍'이라 할까? 부모가 원하는 대로 하면 좋겠지만 유감스럽게도 아이들은 부모가 하는 그대로 발음한다.

이러한 본받기 또는 따라하기를 교육학에서는 모델링(Modeling)이라고 하는데, 아주 상벽한 교육적 효과가 있다. 부모는 긍정적인 측면에서 자녀가 자신을 본받고 따라하도록 만들어야 한다. 부모 자신이 재능에 적합한 직업 선택의 모범을 보여야 하며, 자기 직업과 일에 몰입하여 행복해 하는 모습을 보여줘야 한다.

그러나 불행히도 재능이 없는 분야를 직업으로 선택해서 그렇게 할 수 없다면, 차선책으로 자신의 재능 분야를 취미로 활용해서 '최대한 만족스럽고 행복해지려는' 모습을 아이들에게 보여야 한다. 그래야만 우리 아이들은 '바담과 바람 사이'에서 잠시 고개를 갸우뚱 하다가도 결국은 부모의 기대대로 '바람 풍'이라 말할 수 있을 것이다.

■ 지혜로운 연구자, 열정적인 참여자가 되라

대부분의 부모들은 다중지능 이론에만 관심을 쏟고 있는데 그것으로는 부족해 보인다. 아이의 재능이 제대로 발휘될 수 있도록 전체 틀 속에서 다중지능을 볼 줄 알아야 한다. 물론 부모 자신도 그 조건에 비추어 자신의 삶을 재점검해야 하며, 그런 모습을 자녀들에게 보여주어야 한다. 그러기 위해서는 부모 자신이 지혜로운 연구자, 열정적인 참여자가 되어야 한다.

좋은 부모는 저절로 되는 것이 아니다. 노력이 필요하다. 자녀교육이나 부모교육에 도움이 되는 이론이나 관련 서적도 많아 나와 있으니 평소 연구하고 노력하는 자세가 필요하다.

그러니 문화센터나 교육기관에서 자녀교육 특강을 한다고 하면 하던 일 멈추고 달려가야 하고, 부모 역할을 다루는 방송 프로그램이나 신문 기사도 빠뜨리지 말고 챙겨야 한다. 연구하고 노력한 만큼 거두는 것이 자녀교육이기 때문이다.

다중지능은 세상 모든 아이들이 행복하게 사는 데 도움이 되는 이론이다. 일부 똑똑하고 영리한 아이만을 위한 것이 절대 아니다. 우리 아이들은 모두 재능을 갖고 있다. 모든 것을 다 잘하는 아이도 없지만 모든 것을 다 못하는 아이도 없다. 그러니 어느 한 분야를 못한다고 아이를 꾸짖거나 부모 스스로 조급해 할 필요가 없다. 중요한 것은 아이의 재능을 있는 그대로 관찰하고 인정해 적절한 분야에서 재능의 꽃이 활짝 피어나도록 길을 만들고, 그 길에서 아이들이 행복하도록 만들어 주는 것이다. 이보다 중요한 부모 역할이 또 어디 있으랴.

따라서 학교 교육에 모든 짐을 지워서는 안 된다. 가정이 나서야 하고 부모가 앞장 서야 한다. 사실 학교는 다수를 위한 보편적인 교육을 담당하는 곳이므로 다양하게 드러나는 우리 아이들의 재능을 모두 감당하기에는 한계가 있다. 그러니 가정에서 부모가 이를 보완해야 한다. 그렇다고 이 학원, 저 학원을 전전하며 사교육에 나서라는 말이 아니다. 자녀를 학교나 학원에 보내놓고 부모 할 일을 다 했다고 여기던 시대는 지났다.

좋은 부모는 오랜 시간을 공들여 다듬어지는 것이지 어느 날 갑자기 하늘에서 뚝 떨어지는 것이 아니다. 노력하고 연구하면 누구든 더 나은 부모가 될 수 있다. 그래야만 우리 아이들이 더 행복해질 수 있다.

1판 1쇄 발행 2009년 6월 25일
1판 6쇄 발행 2014년 10월 25일

지은이 홍성훈

발행인 양원석
책임편집 차선화
해외저작권 황지현, 지소연
제작 문태일, 김수진
영업마케팅 김경만, 정재만, 곽희은, 임충진, 장현기, 김민수, 임우열
　　　　　 윤기봉, 송기현, 우지연, 정미진, 윤선미, 이선미, 최경민

펴낸 곳 ㈜알에이치코리아
주소 서울시 금천구 가산디지털2로 53, 20층 (가산동, 한라시그마밸리)
편집문의 02-6443-8861 구입문의 02-6443-8838
홈페이지 http://rhk.co.kr
등록 2004년 1월 15일 제2-3726호

ISBN 978-89-255-3317-9 03370

RHK 는 랜덤하우스코리아의 새 이름입니다.